Si estoy perdonado, ¿por qué todavía me siento culpable?

BERNARD BANGLEY

Editorial UNILIT

Publicado por
Editorial **Unilit**
Miami, Fl. 33172
Derechos reservados

Primera edición 1995

© 1992 por Bernard Bangley
Publicado originalmente en inglés con el título:
If I'm Forgiven, Why Do I Still Fell Guilty? por Harold Shaw Publishers
Wheaton, Illinois
Todos los derechos reservados. Ninguna parte de este libro puede ser
reproducida excepto en pasajes breves para reseña, ni puede ser guardada en un
sistema de recuperación o reproducido por medios mecánicos, fotocopiadora,
grabadora o de otras maneras, sin el permiso de los editores.

Traducido al español por: Dardo Bruchez

Citas bíblicas tomadas de:
Santa Biblia, Revisión de 1960
©Sociedades Bíblicas en América Latina
Usada con permiso

Producto 498437
ISBN 1-56063-523-1
Impreso en Colombia

Printed in Colombia

CONTENIDO

INTRODUCCION:
Es más fácil decir que hacer

PRIMERA PARTE:
Nuestras tendencias humanas

1. Negativa no es confesión — 15
2. Bueno para el alma — 27

SEGUNDA PARTE:
La naturaleza de Dios

3. Dios como un amigo — 41
4. La naturaleza perdonadora de Dios — 49

TERCERA PARTE:
Barreras para vivir una vida libre de culpa

5. El problema es cómo usted se siente (No lo que usted piensa) — 63
6. La culpa heredada — 73

CUARTA PARTE:
Caminos hacia la reconciliación

7. La cosa es entre usted y otros	87
8. Perdonándose usted mismo	95

QUINTA PARTE :
Preparándose para el resto de su vida

9. Preparación espiritual para la próxima vez	111
10. Preparación emocional para la próxima vez	123
Notas	133

INTRODUCCION

Es más fácil decir que hacer

*Una mala conciencia amarga el más dulce bienestar;
una buena conciencia endulza
las más amargas cruces.*

Anónimo

Ella viajó desde muy lejos para venir a verme. En menos de treinta años se había dado maña para llenar su vida con las más increíbles complicaciones. Esa joven mujer, llorando a lágrima viva frente a mí, era un ejemplo vivo del porqué las decisiones egoístas no son necesariamente buenas decisiones. Cuando abandonó a su marido, rico pero poco comunicativo, pensó que estaba buscando la felicidad. Irse a vivir con su amigo, simpático y amable, le pareció lo mejor, pues la aliviaría de muchas tensiones.

Durante un año, por lo menos, el cambio del lujo por una amistad simple y confiable, pareció ser un placentero interludio. Pero ahora, por múltiples razones, deseaba volver con su marido. Su amigo era un hombre comprensivo, pero esa verdadera bondad suya fue para ella una fuente de dolores. Se dio cuenta que había estado usando, sin ninguna consideración, los vínculos emocionales que naturalmente deberían haberse producido en él. Por lo demás, también se daba

Si estoy perdonado, ¿por qué ... me siento culpable?

cuenta que ella siempre, había estado usando a otros. La carga de culpabilidad que llevaba encima era casi insoportable. Una hora de llantos y de conversación conmigo no fueron suficientes para aliviar su pena.

Nunca olvidaré la mirada de ruego y desesperación que había en sus ojos hinchados de tanto llanto cuando me preguntó: "¿Qué les dice usted a las personas sobre perdonarse a sí mismas?"

Todo lo que pude responderle en ese momento fue: "No es fácil". Pero su pregunta se quedó conmigo. Sé de mucha gente que he conocido en mi trabajo como pastor, que comparten el mismo problema de ella. Cada individuo cuenta una historia con detalles diferentes, pero el problema básico es el mismo. *Si estoy perdonado, ¿por qué me siento culpable todavía?*

Muchos cristianos modernos no entienden bien todavía lo que la Biblia enseña en cuanto al perdón. Algunos piensan que conocen todas las respuestas. Pretenden enseñar a otros mientras ellos mismos llevan una carga parecida a la de Cristiano en el famoso libro *El progreso del peregrino* de Juan Bunyan. Otros no participan regularmente en la vida de la iglesia. Algunos que buscan ayuda, no tienen ninguna opinión religiosa. Quienquiera usted sea, cuando lee este libro trae a estas páginas su propia clase de bagaje.

Quizás usted ha descubierto que los amigos no le son de mucha ayuda. Realmente, ellos no le comprenden. Las respuestas que le dan son demasiado fáciles. Se ponen impacientes con usted. Le dicen que hay muchos que son peores. "¡Anímate!" es todo lo que dicen. Ellos esperan honestamente que usted haga lo mismo por ellos. Es más o menos lo que hacen los libretistas de cine para curar la histeria: Una cachetada en la cara y cuando ella recupera su compostura, entonces darle un beso. Pero ésta no es la manera de actuar en el mundo en que estamos viviendo. Tampoco las oraciones instantáneas de sus amigos lo librarán de la culpa, no importa cuanto invocan ellos el amor de Dios sobre usted.

Y le dirán: "El tiempo cicatriza todas las heridas. Todo lo que tienes que hacer es portarte heroicamente, pero toma algunas píldoras por un tiempo, tarde o temprano olvidarás todo. Levanta tu frente. ¡Sonríe! El tiempo se hará cargo de todo".

Pero el tiempo no sana nada. Aun puede hacerse su enemigo. Hará que las influencias negativas de sentirse culpable se hagan más y más pesadas, haciendo una obra de destrucción en su cuerpo y su alma. El tiempo puede empujar muy adentro el complejo de culpa de modo que usted no lo advierta, pero siempre estará allí. A la menor sugestión surge de lo profundo con fuerza para amargarle el mejor momento.

De modo que, ¿cómo puede un libro ser mejor que un amigo? Sólo de una manera. No hay compromiso emocional aquí. La manera en que usted se siente ahora no va a arruinar mi apetito. Usted no puede hacer su jueguito de autocompasión. Si lo que yo digo le duele porque le he dado un martillazo en la cabeza, usted no puede decirme que soy un desconsiderado. Un libro no tiene que ser cuidadoso de lo que dice para proteger sus sentimientos. Usted puede estar a solas con estas páginas y nada importan las revelaciones de las expresiones de su rostro o los mensajes que da el "lenguaje de su cuerpo". Si este libro lo ayuda, aun cuando sea poco, usted no me debe nada.

La única manera en que puedo ayudarle es si usted me comprende. Por lo tanto, pienso escribir sencillamente, como si fuera una conversación informal entre usted y yo. Voy a evitar toda jerga técnica. No voy a ofrecer respuestas fáciles a preguntas difíciles. Me rehuso a representar pequeñitos dramas religiosos que son tan comunes en literatura como esta. No pretendo que un simple texto de la Biblia resolverá como por arte de magia todos sus problemas. No le ofrezco la falsa esperanza que su vida será enderezada en un instante en cuanto termine de leer estas páginas.

Lo que voy a hacer, gentilmente, es guiarle a usted a través de un proceso de reconocimiento que le ayudará a identificar su problema. Entonces veremos que lo que la

Biblia enseña es relevante a la cuestión y vamos a examinar algunos pasos prácticos para lograr una recuperación total.

La magnitud del problema

El hecho es que sentirse perdonado, es un obstáculo grande en la vida de muchas personas. Hay ciertas personalidades patológicas, según dicen, que son capaces de herir y robar sin sentir el menor escrúpulo de conciencia. Puede que sea así. Pero tales personas son raras. La mayoría de nosotros pagamos caro un delito o pecado cometido. El criminal endurecido, el cínico hombre de negocios, el insolente fanfarrón, el político frío y los padres que no se preocupan de nada, todos ellos revelan en momentos específicos la verdadera moralidad que yace por debajo de su máscara exterior. Hay una semilla de decencia humana sembrada en cada uno de nosotros, un conocimiento innato del mal y del bien, tan claro como los Diez Mandamientos. Podemos negarlo, si queremos. Nuestra cultura establece sus propias normas de decencia, pero el sentido de culpa es universal. Parece que estuviera programado en nuestros propios genes.

Algunos de nosotros somos más susceptibles que otros. Algunos pocos son altamente susceptibles. Como regla general, todos los extremos son poco saludables. Si usted piensa que es absolutamente insensible a los sentimientos de otros, o si por el contrario, usted es sumamente sensible de modo que se deprime, hasta el punto de quedar incapacitado, si ha herido a alguien, entonces usted necesita más ayuda de la que puedo darle en estas páginas. Le aconsejo buscar algún consejero competente.

Pero si usted se encuentra entre los que reconocen que han cometido errores y aunque creen en un Padre celestial perdonador, todavía no pueden dejar a un lado la carga de la culpa para comenzar de nuevo, libres y limpios, ¡bienvenido al club!, Usted tiene mucha más compañía de la que imagina. Podría decirle: "Ya sé cómo usted se siente". Pero no puedo decir eso a una persona que se está quedando ciega o a alguien que ha perdido a su cónyuge. No puedo decir eso a uno a quien le han amputado una pierna o que ha perdido todos sus ahorros en un mal negocio. Pero puedo identificarme honestamente con cualquiera que está luchando con un grave complejo de culpa. Yo sé lo que es imaginar escenas preguntándome: "¿Qué si...?" Me he preguntado muchas veces, con pavor, temor y temblor, qué me hubiera sucedido a mí y mi familia si no hubiera un día empacado todas las cosas en una camioneta. He considerado cómo mis decisiones casi nos provocaron toda una serie de desastres, grandes y pequeños. He contemplado con horror cómo una sola palabra impensada, salida de mis labios desencadenó una serie de sucesos que después no pude parar.

Tales experiencias son acumulativas. A menos que aprendamos a perdonarnos a nosotros mismos, ellas se apoderarán de nosotros. Una culpa molesta y regañona ha enviado a mucha gente al doctor. A veces la queja que exponen es vaga. Lo mejor que puede ofrecerles el doctor es una aspirina o un tranquilizante. En otros casos la enfermedad es específica y está fuera de discusión. Puede ser medida fácilmente con un electrocardiograma. Nuestro sistema emocional puede abrir la puerta a diversas infecciones que de ordinario está cerrada. Nuestros sentimientos pueden crear disturbios orgánicos en nuestros cuerpos. Los sistemas circulatorio y digestivo son especialmente vulnerables. Y éstas no son enfermedades imaginarias. El tejido viviente se daña real y positivamente.

Aunque estos golpes emocionales no son físicos, no dejan por eso de ser golpes.

El libro de Proverbios hace esta afirmación concluyente: "porque cual es su pensamiento en su corazón, tal es él" (Proverbios 23:7). Las emociones del hombre afectan su conducta. El señor Bruce Hutchison, que es un psicólogo clínico practicante, ve esta clase de cosas diariamente. "Por debajo del nivel de su autoconservación, hay una penetrante lógica emocional que influye constantemente en usted, en lo que usted hace, por qué lo hace, y cuán bien lo realiza; esto afecta la conducción de su matrimonio, cómo usted cría a sus hijos, lo que usted espera de sus relaciones, cómo se lleva con su jefe, cuánto dinero gana, su estado habitual de tensión, su bienestar físico, su satisfacción sexual, lo que usted busca en la vida, cuánto se divierte y cuán satisfecho está consigo mismo. En otras palabras, afecta cada cosa de usted".[1]

La culpa también se come sus nervios. Lo hace a usted excitable. No hay paz para usted si está avergonzado de usted mismo y vive con el terror de que otros puedan descubrir la verdad. ¿Da su corazón un salto cuando suena el teléfono? ¿Se aterroriza cuando suena el timbre de la calle? ¿Vacila antes de abrir una carta? ¿Padece de insomnio y hay algo que le quita el precioso sueño? ¿Una rica comida le sabe a madera de corcho? Estas cosas son sólo el principio de lo que le puede suceder si usted ignora su responsabilidad para con usted mismo.

El castigo último es espiritual. Un preso que escapa de la prisión, huye de los policías. Un estudiante que no se ha preparado para el examen rehuye la mirada del maestro. Un chico que se ha portado mal, se oculta en un rincón. La persona que no se siente perdonada, evita naturalmente a Dios. La vieja historia del Génesis, capítulo 3, nos dice que cuando Adán y Eva desobedecieron a Dios y se sintieron culpables, corrieron a esconderse entre los arbustos.

Desafortunadamente este proceder parece ser la norma general. Todos escapamos de la sola y única fuente de ayuda. En la célebre obra de Shakespeare *Macbeth*, cuando el doctor habla con Lady Macbeth sobre su mal, le dice: "Esta enfermedad está más allá de mi práctica... Una mente infectada debe descargar sus secretos en la sorda almohada. Ella necesita más de lo divino que de los médicos. ¡Dios, Dios perdona todos nuestros pecados!"

El Tesoro de los Estados Unidos conserva algo que es llamado: "Fondo de conciencia". Comenzó en 1811 cuando alguien, anónimamente, envió cinco dólares para aliviar su mente. William Simon, ex secretario del tesoro le dijo a la periodista Ann Landers que él no sabía nada del asunto. Pero una discreta investigación descubrió la verdad. Y este fondo ha crecido dramáticamente desde los días que James Madison era presidente. La más grande contribución anónima fue de $125.990.48, y se recibió en 1980. El total de dólares que hay actualmente en el fondo es de más de cinco millones.

Muchas de las contribuciones vienen con una nota de explicación. Una decía: "Este cheque de $90.00 es para reembolsar al gobierno por el tiempo que pasé hablando por teléfono con cierto pariente que me llamaba mucho". Otra decía: "Aquí van $6.000.00 que debo por impuestos no pagados. No he podido dormir por muchas noches. Si todavía sigo sin dormir, les enviaré el resto".

Lo importante es que debemos hacer algo para aliviar nuestra conciencia. Una vez que hemos aceptado el perdón de Dios, todavía necesitamos perdonarnos a nosotros mismos. No es cosa fácil. No es fácil para mí. No es fácil para usted, pero debe ser hecho. Veamos cómo.

¿Quién podrá decir: Yo he limpiado mi corazón, limpio estoy de mi pecado?

Proverbios 20:9

ALGO PARA PENSAR

☐ Qué efecto produce en su vida una culpa molesta y acusadora? ¿Problemas de salud? ¿Aislamiento de la gente? ¿Noches sin dormir?

☐ ¿Cuánto tiempo luchó usted con su culpa, hasta que se dio cuenta de que esto era un problema?

PRIMERA PARTE

Nuestras tendencias humanas

1
Negativa no es confesión

Antes que Dios pueda librarnos debemos desengañarnos a nosotros mismos.

San Agustín

El primer paso: Confesión

Este es un paso muy difícil de dar. Todos tenemos la resistencia interna de admitir una falla personal; de aceptar una responsabilidad personal o cargar una culpa.

Imagine esta conversación: Alguien está platicando con un amigo acerca de un auto que ha comprado recientemente. ¡Nunca pudo haber hecho mejor negocio! Hizo una buena compra; el vendedor era íntimo amigo de un primo suyo. El auto anda maravilloso nunca ha estado en un taller mecánico. El consumo de gasolina es excelente". "¡Realmente, estuve genial cuando compré esta belleza!"

Pero el amigo no responde con el mismo entusiasmo. Le dice que quizás hubiera hecho mejor negocio si hubiera mirado más autos en venta. "Justamente ha leído un artículo donde dice que coches de otra marca son mejores este año. Y además, según el libro de precios, su coche anterior valía más que el dinero que le dieron por él".

¿Ha escuchado usted alguna vez una conversación donde un hombre que acaba de comprar un auto está de acuerdo con el otro que le dice que su compra no es tan buena? ¿Se imagina que ese hombre aceptaría que no es tan buen comprador como cree? ¡De ninguna manera! No lo aceptaría así su auto estuviera en ese momento en el garaje por séptima vez, bajo una reparación que le costará 500 dólares. No aceptaría eso aunque pronto tendría que estar comprando otro auto y otra vez diciendo que es el más hábil comprador del mundo.

Reconociendo la negación

¿Quién puede decirlo? "He cometido un error". "He pecado".

Fue la negativa del rey Herodes de reconocer su grosero error lo que le costó la cabeza a Juan el Bautista. Herodes había arrestado a Juan a causa de las duras palabras que éste decía respecto del matrimonio de Herodes con la mujer de su hermano, Herodías. Esta mujer deseaba matar a Juan, pero Herodes tenía miedo, porque consideraba a Juan un varón santo. Sólo quería mantenerlo preso.

El Nuevo Testamento nos dice que Herodes celebró su cumpleaños con una fiesta donde invitó a toda su corte. En la fiesta Salomé la hijastra de Herodes, bailó tan bien que el rey quedó maravillado. Entonces le hizo una promesa insensata: "Te daré cualquier cosa que me pidas, aun la mitad de mi reino". La muchacha consultó con su madre y en lugar de la mitad del reino pidió la cabeza de Juan el Bautista.

El rey quedó consternado. Pero como había hecho un juramento en público, no quiso quedar como un charlatán. Mandó a sus guardias que decapitasen a Juan en la cárcel y le trajeran a Salomé la cabeza en un plato. No quería hacer tal cosa. Le repugnaba y le dolía. Pero a causa del juramento, y de toda esa gente que lo había escuchado, mandó a cumplir la inicua orden. El pudo haber dicho: "Disculpen a este pobre viejo. Esta muchacha me trastornó. Hice una promesa disparatada. Ahora veo que me tomó por un estúpido. Ha sido un gran error hacerle tal promesa". Herodes pudo haber hecho eso y salvar a Juan y su conciencia. Pero no lo hizo. ¿Podría hacerlo usted?

No hay ninguna vergüenza en admitir que uno ha hecho mal. Es sólo otra manera de decir que ahora uno es más sabio que cuando cometió el hecho.

Así que, ¿por qué mantener el problema interno? ¿Qué es lo más fácil, negar o confesar?

Las lecciones que da la sociedad

Una tarjeta de la compañía de seguros de mi automóvil dice: "Si se ve envuelto en un accidente, no admita culpabilidad". Todos los abogados advierten a los individuos y a las corporaciones de no hacer ninguna declaración en privado o en público, que luego podría ser usada como prueba contra ellos. ¡Pero el primer paso que debe darse para lograr la salud espiritual es precisamente lo contrario, admitir la culpabilidad! Esto va en contra de todo lo que nos han enseñado en la sociedad para protegernos.

Negar responsabilidad se hace tan natural como el acto de respirar cuando no estamos conscientes de haber hecho algo malo. El doctor Kubler Ross identifica la negación con la primera respuesta que damos al diagnóstico del médico cuando nos dice que tenemos una enfermedad incurable: "Yo me siento muy bien". "Eso no puede ser". "El laboratorio ha cometido un error". Un alcohólico juega al mismo juego: "Yo me puedo controlar". "No soy adicto a la bebida". "No necesito ninguna ayuda".

Investigando este fenómeno he estado viendo como veinte episodios de la serie de televisión *People's Court*. Cada episodio ocurre por supuesto dentro del estudio de grabación del Juez Wapner, pero es uno de los pocos programas de televisión que pinta realmente la vida. Los personajes y las situaciones no son ficción. Algunos episodios son "más extraños que la ficción". Los temas giran alrededor de las mascotas de los vecinos, los errores de las peluqueras, el mal servicio de los taxistas, problemas entre compañeros de cuarto y malos servicios de toda clase.

Durante un mes pude entrevistar un total de treinta y ocho parejas de litigantes en juicios. Las entrevistas son después de escuchados los veredictos del juez. Sin excepción, cada perdedor niega haber hecho algo malo o cometido un error. "El juez no me dio oportunidad de decir todo". "Oí lo que él dijo, pero yo sé que tengo razón". "No hay justicia".

Los grandes criminales niegan toda culpa y apelan a las cortes tanto como pueden. Aun estando en la cárcel siguen preguntándose por qué están ahí. Una vez Federico el Grande, rey de Prusia, visitaba una prisión en Postdam. Cada prisionero le aseguraba que era inocente, que estaba allí por una falla de la justicia. Cuando un hombre con la cabeza gacha le dijo: "Majestad, soy culpable y merezco este castigo". El monarca llamó al jefe de la cárcel y le dijo: "Ponga en libertad a este hombre, antes que corrompa a toda la gente inocente que está aquí". Hace más de un siglo Soren Kierkegaard, el filósofo existencialista y teólogo danés, dijo: "Es cosa fácil estar de acuerdo cuando se dice: "Todos somos pecadores", pero hacer una aplicación personal y decir: "Yo soy pecador", golpea en algún lugar entre nuestro cerebro y nuestro corazón.

Trate de imaginarse al delegado de un país en las Naciones Unidas que habiendo oído los cargos que se le hacen a su país, agache la cabeza y diga: "Sí, lo hemos hecho. ¡Lo siento!" ¿No sería eso estimulante? He vivido suficientes años como para ser capaz de interpretar las negaciones de los políticos. Cuando los cargos son desechados como "mentiras", hay alguna substancia de verdad en ellos. Si el orador está enojado y las llama "malditas mentiras", probablemente todo sea cierto.

Es imposible exagerar el modo como la negación ha penetrado en nuestra cultura. Aun los chicos de la escuela primaria han aprendido el arte. "¡Yo no hice nada!" es una frase que oyen muy a menudo padres y maestros. Puede ser que la negación vaya, algunas veces, en favor de sus intereses. Puede ahorrarle a usted dinero o evitarle un castigo. Pero estamos considerando un asunto que es enteramente personal. Perdonarse a uno mismo es, francamente, un problema espiritual. La negación aquí, es enteramente negativa. No habrá nunca sanidad para su alma a menos que el asunto sea reconocido y confesado.

Cómo evitar la confesión

La psicología humana provee una cantidad de armas con las cuales podemos defendernos de la ansiedad. A veces esas armas entran en función automáticamente. No hacemos ninguna decisión consciente respecto a ellas. Podemos reprimir la memoria de cosas que no nos son agradables. Podemos ser fanáticos, denunciando las cosas que en el fondo deseamos. Podemos racionalizar, dando buenas razones para justificar nuestra conducta: En una ocasión pasé un día completo en un auto patrullero al lado del oficial oyendo las excusas que dan los conductores para explicar su alta velocidad. El pagador de impuestos mencionado en el primer capítulo podía muy bien haber concluido que el gobierno derrocharía su dinero y que engañar al estado, es una cosa común, aun algo esperado.

Un método popular de evitar la confesión es proyectar la culpa sobre algún otro. El clarinetista da una nota falsa en un concierto le echará la culpa a la boquilla. Una persona hostil se siente como si él fuera la víctima de la hostilidad. Muy a menudo los padres son culpados por la mala elección de su hijo o por crear un ambiente familiar que propicia la conducta criminal. En el libro *Rubaiyat de Omar Khayyam*, de Edward Fitzgerald, toda la culpa se le atribuye a Dios.

> Oh, Tú, que al hombre de baja tierra hiciste,
> Y quien con el Edén también ideaste la serpiente;
> Por todo el pecado conque la faz del hombre
> es ennegrecida, ¡el perdón al hombre da!

❖

Aquí está una traducción sencilla:

Dios: Adán, ¿quién te dijo que estabas desnudo? ¿Has comido del árbol que te mandé no comieses?
Adán: Esa mujer que me diste tomó del fruto del árbol y me dio, y yo comí. ¡La culpa es de ella, no mía!
Dios: Eva, ¿qué es lo que has hecho?
Eva: Escucha, Señor. Fue la serpiente que me tentó a comer. ¡Tú creaste la serpiente, así que la culpa es tuya!

En el capítulo seis veremos cómo las experiencias que tenemos en el hogar mientras crecemos pueden influir en nuestros sentimientos de culpa. El legado que dejan familias que no han funcionado bien puede verse palpablemente en los adultos. Pero muchas veces no tenemos razón de echar toda la culpa de nuestro mal funcionamiento como personas a nuestros pobres padres. Acusamos a papá y mamá mientras nos excusamos a nosotros mismos. "¡Por supuesto que estoy gorda! Mamá me hacía siempre limpiar el plato. Ella me enseñó a comer comida con mucha grasa. Cuando era chica me rellenaba con bizcochos de mantequilla". Esto es, simplemente, negación por proyección. Pero usted no puede apuntar un dedo acusador sobre alguien sin apuntar tres sobre usted. Recuerde que es usted quien comete los errores; ellos no se hacen solos.

Es también muy común hoy en día aislarnos de las contradicciones. Nos cargamos con problemas altamente emocionales cuando los reducimos a términos intelectuales. Inventamos nuevos nombres para viejos pecados. Pereza se ha convertido en "ocio intelectual". Ya no escuchamos debates acerca de la diferencia entre adulterio y fornicación. El mal uso del sexo tiene hoy en día un largo catálogo de segura y nueva terminología. Un zorrillo con cualquier otro nombre siempre olerá a zorrillo. Pero en la pulcra sociedad de West Virginia le llaman *polecat.*

Los burócratas y los expertos en relaciones públicas son especialistas en esto. Un general puede hablar durante cuatro horas acerca de la guerra termonuclear, pero nunca pronunciará una palabra que dé la idea de carnicería y muerte. Allí no hay fuego, no hay sangre ni hay devastación de hogares. El usará una colección de eufemismos y jerga militar. Hablará de "sobrepresiones", "parámetros de explosión", "umbrales de temperatura" y demás términos técnicos. Esto es un sutil juego mental que es también una forma de negación.

Cristianos entusiastas caen fácilmente presas de esto. En vez de decir: "Yo pienso", dicen: "El Señor me lo dijo". Dios se lleva la culpa de un lote de ideas de segunda o tercera mano. Algunos de los recién convertidos están ansiosos de ver su vida entera como un ministerio para Dios. Esto los lleva a explicar que todo lo que hacen en su vida está motivado por Cristo, que es la fuerza interior que los mueve.

Algunos años atrás Judi Culbertson y Patti Bard escribieron un irreverente librito que titularon, *Games Christian Play* (Juegos que juegan los cristianos). Contiene un chispeante capítulo sobre cómo escribir cartas "cristianas". He aquí un par de las reglas.

No digas: "La junta misionera me rechazó como candidato porque fracasé en las pruebas preliminares".

Di más bien: "A pesar de mucho trabajo, amor, oración y planes, el Señor, en su infinita sabiduría, ha creído mejor cerrar la puerta para el campo misionero".

No digas: "Compramos un nuevo Mustang color rojo manzana el otro jueves. !Uyuyuyuyyyyy...!"

Di más bien: "Una semana y tres días atrás, Dios en su gran misericordia nos proveyó un nuevo automóvil el cual esperamos sea usado grandemente en el servicio de traer los niños del vecindario a la escuela dominical y luego llevarlos de vuelta a sus casas".[2]

Poco después de leer este libro recibí una carta de unos consagrados cristianos que decían casi las mismas cosas, con toda seriedad. Si usted está buscando perdonarse a sí mismo, evite esta trampa. Llame al pan, pan y al vino, vino. El veneno de las serpientes no se hace menos ponzoñoso si usted lo llama "jugo de víbora" o "toxina herpetológica vitral".

Hay también una clase de admisión de la verdad, displicente, con un encogimiento de hombros, que está bastante lejos de una genuina y saludable confesión. Reconoce los hechos, mientras desdeña todos los problemas que le acompañan.

Tomemos un ejemplo interesante de la vida real para que veamos cómo la gente responde de manera diferente cuando se ve envuelta en un escándalo. En el verano de 1983 la Cámara de Representantes de los Estados Unidos censuró a dos congresistas por haber tenido relaciones sexuales con jovencitas. Uno de ellos fue descrito como "estoico, recio. No se quebró ni se acobardó.[3] La declaración pública de dicho congresista incluye estas palabras.

"En mi declaración del último jueves en el recinto del Congreso, admití un serio error de juicio cometido diez años atrás, y dije que no contestaría el procedimiento recomendado según el Comité de Normas de Conducta Oficial. Hoy reafirmo vigorosamente el texto completo de tal declaración.

"Todos los miembros del Congreso necesitamos humillarnos de cuando en cuando. Pero nunca he estado tan enterado de la capacidad de fortaleza y decencia del pueblo americano, como lo he estado contemplando la reacción de mis colegas frente a los sucesos de la semana pasada. Su amistad y confianza me han fortalecido y me han dado, así lo espero, ayuda para salir de esta presente situación como un ser humano más sabio, más tolerante y más completo".[4]

El otro congresista tuvo una reacción totalmente diferente. Muy afectado emocionalmente se paró delante del Congreso cuando Thomas O'Neill leyó la resolución de censura, y dijo estas palabras:

"Señor portavoz del Congreso, este es uno de los momentos más difíciles de mi vida, y ha sido para mi familia una prueba sin paralelo.

"Tenemos que pagar nuestros pecados en la vida y para lograr mi paz, me consuelo pensando que nuestro Señor ha prometido perdonarnos setenta veces siete. No es cosa fácil perdonarnos a nosotros mismos o perdonar a nuestros hermanos; pero he pedido el perdón y lo he recibido, de todos aquellos a quienes herí más, mi esposa y mi familia.

"También he pedido a mis amigos y conocidos que me perdonen. Pero, señor portavoz del Congreso, todavía no he pedido perdón a todos mis colegas de este cuerpo, por la vergüenza que he traído a la institución... deseo que todos los miembros sepan que lo siento mucho, y les pido perdón a todos y cada uno".[5]

Este es el lugar para comenzar. Admítalo. Todo lo demás viene más tarde. Hasta que usted no salte esta valla, no habrá comenzado la carrera. Hasta que usted no abra esta puerta, el aire fresco y la radiante luz que espera estarán vedados para usted.

Conclusión

La negación no es confesión. Absolutamente no. Séneca, el filósofo moralista romano que vivió en los tiempos cercanos a Cristo, lo expresó sin ambages: "¿Por qué nadie confiesa sus vicios? Porque todavía están en ellos. Uno que despierta es el que cuenta sus sueños".

Por lo tanto, es el acto de la confesión lo que pone en marcha el proceso del perdón de sí mismo. No hay sustituto, no hay otra alternativa. La confesión es la primera cosa que se requiere, sea que su falla sea grande o pequeña, sea una calamidad espiritual o la simple búsqueda de una meta personal. ¡Siga adelante! Admítala. Es una cosa saludable y sanadora echar a un lado todas las evasivas y decir que usted ha fallado, que ha pecado, calumniando a alguien, y está disgustado con usted mismo. Ahora, ¿cómo puede usted hacer eso? Vamos a considerar lo que no es una confesión. Y luego veremos lo que sí es.

> *Si decimos que no tenemos pecado, nos engañamos a nosotros mismos y la verdad no está en nosotros. Si confesamos nuestros pecados, él es fiel y justo para perdonar nuestros pecados, y limpiarnos de toda maldad.*
>
> 1 Juan 1:8-9

ALGO PARA PENSAR

☐ ¿Qué pistas sirven para hacerle saber a usted que está negativo? (Si no está seguro, pregúntele a un amigo o un miembro de su familia, cómo ellos saben que usted está negativo.)

☐ ¿Qué clase de "dobles palabras" (palabras que disfrazan el real significado), usted mayormente utiliza?

2
Bueno para el alma

Cuando el alma ha puesto sus faltas a los pies de Dios, siente como si le nacieran alas.

Eugenie de Guerin

La mayoría de nosotros almacenamos una gran cantidad de secretos comprometedores. No hay libro de registros más seguro que nuestra propia mente. La memoria humana es increíble. Nosotros decimos que hemos "olvidado" algo, pero la verdad es que sigue allí, almacenado de por vida. Solamente está sepultado, fuera de la vista.

Se ha dicho a menudo que la confesión es buena para el alma. Es una manera de limpiar nuestro archivo mental. Se parece a una draga que rastrea y limpia el fondo de un estanque de agua corrompida; un ventilador que cambia y renueva el aire. La confesión es una válvula que si usted la abre, alivia la presión interior.

¿Qué imágenes vienen a su mente cuando oye la palabra confesión? ¿Ve usted un hombre esposado, dando los detalles de su crimen? O quizás usted piensa en una caseta de nogal, cerrada con una cortinilla, en un rincón oscuro de un templo católico con un sacerdote al otro lado de la cortinilla. Quizás usted ve a un esposo tratando de explicar el origen de una marca de lápiz de labio sobre el cuello de la camisa. Cuando usamos tal término es importante que compartamos la misma definición.

Confesión es una idea enraizada en la Biblia. Para poder entenderla debemos entender primero una palabra que a menudo la acompaña.

Las dos palabras juntas son como el tractor y la vagoneta. La otra palabra es *pecado*, la cosa que se confiesa.

Una definición bíblica del pecado

El mundo tiene dificultad en decidir lo que necesita ser clasificado como pecado. Hay demasiados catálogos que están en conflicto unos con otros. Lo que es tabú para un grupo de gentes, no es ningún problema para otro grupo. Su conducta puede ser alabada, o condenada, de acuerdo al lugar donde está viviendo.

La confusión en cuanto al pecado, debido a una multitud de regulaciones bien detalladas, alcanzó su zenit en los tiempos de Jesucristo. Cuando usted lee en los Evangelios que Jesús criticó a los escribas y fariseos, está leyendo acerca de la confrontación explosiva entre una religión saludable y otra decididamente enferma.

Para los judíos contemporáneos de Jesús no había nada más sagrado, más absoluto, y más final que la Ley. En los Diez Mandamientos tenemos un sumario de la Ley de Dios.

Pecado es:

1. Adorar falsos dioses.
2. Hacer ídolos (fabricar imágenes).
3. Usar profanamente el nombre de Dios.
4. Trabajar en el día de reposo.
5. No honrar a los padres.
6. Matar.
7. Adulterar.

8. Robar.
9. Dar falso testimonio.
10. Codiciar las pertenencias del prójimo.

Estos diez principios básicos están entrelazados, aclarados y ampliados en toda la trama de los primeros cinco libros de la Biblia (llamados el Pentateuco). Estos cinco libros, del Génesis al Deuteronomio, se llaman todavía "La ley".

Los escribas en los tiempos de Jesús deducían las aplicaciones particulares de estos grandes principios morales. Tenían una respuesta para casi todas las preguntas. Quizás sería mejor decir que tenían una regulación para cada modo de conducta. Eso es lo que se conocía en los tiempos del Nuevo Testamento como "la tradición de los ancianos" (Mateo 15:2). Era una ley oral, en oposición a la ley escrita. Los escribas habían hecho un negocio con esto de memorizar la tradición y pasarla a otros. Eran los expertos legales. Estas ideas y tradiciones, acumuladas generación tras generación, fueron al fin escritas en un grueso volumen que llamaron la *Mishnah* (Misná).

Los fariseos regimentaron su vida tratando de vivir estrictamente apegados a la ley tal como la exponían los escribas. Ya que no todos entre los judíos practicaban así la ley, los fariseos asumieron cierto aire de élite, de aristocracia religiosa. Los fariseos consideraban a todos los demás como "pecadores" y evitaban relacionarse con ellos.

Desde el punto de vista de los fariseos, Jesús era un simple aficionado. No tenía educación ni credenciales. Miraban con horror cómo Jesús desdeñaba importantes partes de la ley. No podían soportar su familiaridad con los "pecadores". Ellos circunscribían el amor de Dios, Jesús lo expandía.

La religión legalista tiene siempre una tremenda apelación popular. Es bastante reconfortante pensar que uno agrada a Dios por hacer ciertas cosas y abstenerse de hacer otras. Si usted ya tiene todas las respuestas a todas las preguntas dignas de hacerse, no tiene que molestarse por preguntas que no puede responder. Había una seguridad en el hecho de ser un Fariseo.

Esta popular y moralista religión, es una religión de buenas obras. Surge de la noción de que Dios nos amará si somos buenos y nos detestará si somos malos. ¿Cuantos de nosotros hemos sentido que nuestros propios padres nos han condicionado su amor de la misma manera? Si cumplimos perfectamente sus esperanzas, nos casamos con la persona que ellos eligen, traemos a casa un trofeo deportivo, tocamos el primer trombón en la banda o somos aceptados en la mejor universidad, entonces seremos sus queridos hijitos. ¡Para muchas personas sería un choque emocional si Dios no nos trata de la misma manera!

¡Pobre Martín Lutero! El trabajó muy duramente para lograr la aceptación de Dios. Plagado de culpas, reales o imaginarias, trató de hallar alivio en la mortificación de la carne y en penitencias de toda clase. Por fin descubrió que la salvación es un don gratuito de Dios, de la gracia de Dios. Algo que él nunca podría ganar con buenas obras. Paul Tournier ha señalado que el llanto de Martín Lutero pidiendo perdón es lo que hemos llamado Reforma Protestante. El costo de nuestra salvación fue pagado por Dios. No le debemos ya nada. Pero una pietista expresión de fe ha retornado a las iglesias que nacieron en la Reforma. "El moralismo ha restablecido la idea de mérito, de una gracia que es condicional. Y en algunos círculos protestantes estas condiciones han proliferado tanto que se han vuelto opresivas."[6]

Es muy posible que usted se haya sentido culpable por algunas cosas que para el Altísimo carecen de importancia. Un predicador puede acusarle con el dedo y con su Biblia por razones equivocadas.

No hay dudas de que usted es pecador. Todos lo somos. Necesitamos un conocimiento maduro de lo que significa la palabra *pecador*. Significa que no podemos trazar una línea entre buena gente y mala gente. Todos estamos en el **mismo** barco. Nuestra tendencia natural es alejarnos de Dios y **hacer** las cosas que son malas a su vista.

La Biblia enseña claramente que toda la personalidad humana está distorsionada y corrompida. Somos criaturas "caídas." Aun el hombre más temeroso de Dios, el más piadoso, el santurrón que ora más tiempo de pie, es uno como nosotros: Un pecador. Y este pecado innato se expresa en muchas formas y maneras externas. ¡Es una trampa del autoengaño que el hombre que se justifica nunca pone su verdadero pecado personal en la lista! El orgullo, por ejemplo. Cristo fue duro con esto. Lea lo que el Señor dice acerca de dos hombres que fueron al templo a orar. Chismes, esa es otra cosa mala. Pablo pone el chisme entre las peores cosas en el primer capítulo de su carta a los romanos.

Una cosa muy interesante acerca de la idea bíblica de pecado, es que siempre es *contra Dios*. Usted puede dañar a otra persona o ser una amenaza a la sociedad, pero la cosa no para ahí. La parte más ofendida es siempre Dios. Tenemos una expresión clásica de esto en el salmo cincuenta y uno. El rey David cometió adulterio con Betsabé, pero luego dice en el salmo: "Contra ti, contra ti sólo he pecado, y he hecho lo malo delante de tus ojos" (Salmo 51:4).

La importancia de confesarle a Dios nuestros pecados

En la antigua ley está escrito: "Cuando pecare en alguna de estas cosas, confesará aquello en que pecó, y para su expiación traerá a Jehová por su pecado que cometió, una hembra de los rebaños, una cordera o una cabra como ofrenda de expiación; y el sacerdote le hará expiación por su pecado (Levítico 5:5-6).

En el libro de Esdras podemos leer cómo este hombre de Dios clamó delante del Señor. "Mientras oraba Esdras y hacía confesión, llorando y postrándose delante de la casa de Dios" (Esdras 10:1). El profeta Daniel hizo casi lo mismo: "Y oré a Jehová mi Dios e hice confesión diciendo..." (Daniel 9:4).

Otros salmos se unen al 51 en actos de confesión. Un buen ejemplo es el salmo 32: "Mi pecado te declaré, y no encubrí mi iniquidad. Dije: Confesaré mis transgresiones a Jehová; y tú perdonaste la maldad de mi pecado" (Salmo 32:5).

El Nuevo Testamento también pone énfasis en la importancia de la confesión. Juan el Bautista bautizaba gente en el río Jordán, y venían "confesando sus pecados" (Marcos 1:5). Y en la primera epístola del apóstol Juan tenemos esta fuerte demanda: "Si confesamos nuestros pecados, él es fiel y justo para perdonar nuestros pecados y limpiarnos de toda maldad" (1 Juan 1:9).

Vez tras vez el Señor Jesucristo trató a los pecadores con una compasión muy especial. La gente sabía que podían acercarse a El trayendo todos sus problemas. Un intercambio muy bello puede verse entre Jesús y la mujer samaritana junto al pozo de Jacob (Juan 4:5-42). Esto, también, es confesión.

Cómo puede usted hacer su confesión hoy

Si usted ha crecido dentro de alguna corriente religiosa, quizás ya sabe cómo se hace la confesión. Para los católicos romanos, por ejemplo, la confesión es un sacramento. Se espera que cada católico confiese sus pecados por lo menos una vez al año. Últimamente le están llamando *sacramento de reconciliación*, y debe hacerse siempre, de rodillas delante de un sacerdote que está oculto detrás de una cortina dentro del confesionario.

Muchas iglesias protestantes siguen una tradición de confesión pública de pecados. Aun cuando los reformadores señalaron el peligro de tal práctica hace quinientos años atrás, continuaron insistiendo en ésta. Juan Calvino dijo que la confesión era vital y nunca debía ser abandonada. Calvino también decía "que la confesión secreta debe hacerse a Dios y después a los hombres,"voluntariamente".[7]

El resultado de esta tradición es que muchos protestantes, desafortunadamente, confinan su acto de confesión al momento de la conversión. A veces, en el consejo pastoral se hace hincapié en la confesión, pero esto toca sólo a un pequeño porcentaje de la congregación.

Los judíos tenían un período de penitencia y confesión en sus grandes días de fiesta. El énfasis de la confesión era siempre comunal. Se oraba por el perdón de "nuestros pecados". El individuo estaba en libertad de acercarse a Dios directamente mediante la oración silenciosa, sin darle intervención al rabí. En raras ocasiones un rabí escuchaba una confesión hecha en el lecho de muerte (*Vidui*).

Haciendo a un lado nuestra formación o tradición religiosa ahora, es un buen momento para mirar creativamente las posibilidades que se abren ante usted por medio de la confesión. La manera más fácil, y rápida, de "sacarse esto del pecho" es confesárselo a un amigo. ¡Pero tenga cuidado! No cualquiera es un buen confesor. Es peligroso desembuchar todo lo que uno lleva adentro y lo que ha hecho sin una adecuada preparación. Podemos hacernos un daño enorme, irreparable.

Muchas veces la carga es pasada de una persona a otra y esto rara vez es provechoso. De todos modos una confesión de esta clase tiende, sea que se quiera o no, a dañar a la parte ofendida. Algunas cosas es mejor guardarlas en secreto para siempre. Hay otras maneras, como vamos a ver más tarde, de decírselo a la persona, sin necesidad de revelar todos los detalles.

En tales momentos de confesión muchos buscan un buen amigo. Amigos genuinos, si son sabios y prudentes, pueden ser de ayuda. Y si son honestos y se les puede confiar cualquier secreto sin que lo divulguen, mejor aún. Además no deben ser posesivos en su relación con usted, no hay que olvidar el viejo dicho: "A quien dices tu secreto, das tu libertad y quedas sujeto".

Pero si usted nota alguna debilidad en la otra persona con respecto a su problema, pueden producirse dificultades peores (por ejemplo, no sería sabio confesar un caso ocasional y único de homosexualismo a uno que es homosexual "de carrera"). Tal persona parecería darle todo el apoyo a usted, haciendo al mismo tiempo todo lo que le fuera posible para empeorar hacer las cosas. No sería muy prudente que ese amigo desarrollara una atracción sexual hacia usted mientras está oyendo su lamentación. Para algunas personas conocer su secreto puede resultar, "muy bueno como para callarlo" o "no digno de mantenerlo en reserva". Hable con un amigo de absoluta confianza, si tiene alguno. Pero sea muy cuidadoso.

Esto nos trae de vuelta a los consejeros profesionales. Consejeros de toda clase, calidad y sapiencia pueden conseguirse pagando algo y le aseguran a usted privacidad y confianza. A veces una cita con el médico llega a ser un tiempo de confesión. Muchos doctores han descubierto que un momento de charla confidencial ha ayudado a curar una enfermedad. También hay un sinnúmero de confesiones cuando le van a dar anestesia a un enfermo, muchas de estas confesiones son involuntarias. Es que le gente tiene miedo de hablar demasiado en un estado de inconsciencia.

Los clérigos, por supuesto, han llenado siempre el tradicional papel del confesor en la sociedad. Es algo de especial valor confesar un pecado a alguien reconocido como representante de Dios. Ya hemos visto lo que dice la Biblia en cuanto al pecado. Cuando hayamos hecho algo malo contra otros (o contra nosotros mismos) el mal ha sido primeramente contra Dios. Al fin de cuentas es contra Dios que pecamos. Por lo tanto la confesión debe ser hecha primordialmente a Dios.

Lo mismo que los amigos, los sacerdotes, pastores, rabinos y capellanes vienen en varios grados de competencia y confiabilidad. En muchas comunidades hay algún profesional religioso que tiene reputación de ser un buen escucha. No importa a qué denominación pertenece. Trate de encontrar a tal persona. Busque uno que sea compasivo, cálidamente humano y amoroso, no uno que tenga la mente estrecha y sea legalista. Si encuentra uno como los primeros, habrá hallado a alguien parecido a Cristo.

Pero supongamos que no puede hallar ningún clérigo que llena tales condiciones. O puede ser que haya alguna cosa que usted no desea que su pastor sepa, a pesar de su espíritu generoso. Hoy en día hay un número creciente de personas, dentro de la iglesia cristiana que están recuperando el modo neotestamentario de sostenerse unos a otros emocional y espiritualmente. Si usted tiene la suerte de hallar tal lugar, se encontrará con cristianos con diferentes experiencias en la vida que le darán la aceptación y comprensión que usted necesita. Pero de nuevo tenga cuidado ellos pueden usar el lenguaje correcto y ser todo sonrisas y abrazos. Pero tómese su tiempo. No use al grupo ni a ninguno de sus miembros como su confidente, hasta que usted los haya conocido a fondo y sienta honestamente que son confiables. ¡Muchos de esos grupos pueden ser una bola de neuróticos! Mucho cuidado, pues, y ande con pie de plomo. Porque pueden ser también un grupo lleno de juicios estrechos, chismes, psicopatías, y presiones sutiles que usted no necesita. Si se da cuenta de esto a tiempo, dé gracias a Dios por sus bendiciones, y trate de descargar su alma a solas con Dios. Pero si halla alguna ayuda, es su responsabilidad ayudar a otros.

Hay todavía otro camino. La confesión privada no solamente es posible, sino altamente deseable. El asunto es entre usted y Dios. Dígale todo a Dios. No necesita ningún intercesor humano. Aprenda cómo orar. En la privacidad de su casa o de su oficina, descargue toda su alma en El. Deje que esa carga se vaya toda. Escríbale una carta a Dios. Ponga todo lo que lo agobia en papel y tinta. Evite los detalles de mal gusto, sucios u obscenos. Firme la carta. Entonces, si lo desea, quémela o hágala pedacitos. En todo caso la podredumbre ha sido declarada y expuesta. Ahora usted puede hacerle frente. Usted puede, en la presencia de su Padre Celestial, confesar todo completamente. No escriba ningún engaño ni subterfugio, confiese todo lisa y llanamente. Luego, empiece a pensar y siéntase como uno de los hijos de Dios otra vez. Y cuando esto le suceda, usted alabará el día en que ha sucedido.

Cuando yo era joven escuché a un predicador colérico denigrar el tesoro de oraciones formales de la iglesia. Las llamaba "oraciones muertas, embalsamadas en tinta". La frase "pegaba". Me gustaron esas palabras, aunque no me gustó su vehemencia.

Y luego escuché a la señora Gert Behanna, ya fallecida. Dio un poderoso testimonio acerca de la vacuidad de la vida secular. Nos llevó a través de un mundo satinado, de lujo y alcoholismo, de relaciones afectivas rotas e intentos de suicidio. Nos habló acerca de cuando asistió a un primer servicio en la Iglesia Episcopal. Y nos recitó de memoria la clásica oración de confesión:

> *"Todopoderoso y muy misericordioso Padre,*
> *hemos errado y nos hemos apartado de tus caminos*
> *igual que ovejas perdidas, hemos seguido demasiado*
> *los deseos e intentos de nuestro corazón.*
> *Y hemos pecado contra tus santas leyes,*
> *no hemos hecho las cosas que debíamos hacer,*
> *y hemos hecho aquellas otras que no debíamos hacer,*
> *Pero tú, oh Señor, tienes misericordia de nosotros,*
> *perdona a aquellos que confiesan sus faltas,*
> *restaura a los que se arrepienten,*
> *de acuerdo a tus promesas que le diste a la humanidad*
> *en Cristo Jesús nuestro Señor;*
> *y concédenos, oh misericordioso Padre,*
>   *por amor de Jesús,*
> *que podamos llevar de aquí en adelante, una vida*
>   *justa, recta y sobria,*
> *para la gloria de tu santo nombre. Amen".* [8]

Créanme lo que les digo. Esa oración tiene vida. Tuvo vida para Gert. Tiene vida para nosotros. Puede tener vida para usted.

> *Crea en mí, oh Dios, un corazón limpio*
> *y renueva un espíritu recto*
> *dentro de mí.*
>
> Salmo 51:10

ALGO PARA PENSAR

- [ ] ¿Qué es lo primero que viene a su mente cuando oye la palabra "pecado"?

- [ ] ¿Cuándo fue la última vez que confesó algo a alguna persona? Si nunca confesó nada a nadie, ¿cuándo fue la última vez que confesó algo específicamente a Dios?

SEGUNDA PARTE

La naturaleza de Dios

3
Dios como un amigo

*Nada en este perdido y arruinado mundo
lleva la mansa impresión del Hijo de Dios
tan seguramente como el perdón.*

Alice Cary

Dios es su amigo. Deje que eso penetre en usted. Dios lo ama. Dios cuida de usted. Cuando usted sufre, Dios sufre también. Y cuando usted está feliz, Dios está feliz. Y Dios desea para usted solamente el bien.

¿Puede usted creer en eso?

Tal vez no. Sea honesto. Usted piensa de Dios cualquier cosa, menos que es un amigo. Juez, puede ser. Abogado implacable. Padre exigente. Crítico supervisor. Es asombrosa la facilidad con que imaginamos a Dios como un enemigo. Alguien lejos y fuera de nosotros.

Cuando suceda algo malo, pregunte quién es el responsable. Pregunte a cualquier agente de seguros que defina lo que es "un acto de Dios", le dirá: terremotos, tornados, huracanes, erupciones volcánicas, inundaciones, sequía, pestilencia, plagas y hambre. Aun la guerra, que es el peor desastre hecho por la mano del hombre, es a menudo achacada a Dios.

Si yo fuera Dios ya le habría salido al paso a esos pensamientos. Les diría: "¡Un momentito! ¿Ustedes creen que yo prefiero la muerte a la vida? ¿Me gozo, acaso, en todo lo que es maloliente, pútrido, fétido y enfermizo? ¿Deseo acaso transformar este mundo bello y hermoso que he creado en algo decadente y mortecino? ¿Deseo acaso transformar mi mundo viviente en algo que es muerte? ¿Cómo pueden imaginar ustedes que yo disfruto alguna suerte de necrófilo placer en destruir sólo por el gusto de la destrucción? En mi creación, la muerte produce nueva vida; el cambio significa recreación. No piensen en mí como un chicuelo rabioso que rompe a patadas los bloques de madera en el cuarto de juegos".

El concepto de Dios como un enemigo surge de nuestro propio concepto de culpa. Si Dios anduviera buscando buenas razones para castigarnos, por cierto que hallaría montones. Lo mismo que el ladrón en la cruz nosotros diríamos: "Estamos recibiendo lo que nuestros hechos merecían" (Lucas 23:41). Bien podemos pensar que hemos hecho lo suficiente como para ser justa y perfectamente castigados. Pero cuando confesamos nuestro pecado y nos sentimos perdonados otra vez, nuestra actitud hacia el Todopoderoso debe cambiar dramáticamente. Por cada persona que piensa que Dios es un enemigo, hay por lo menos tres que lo miran con indiferencia. No pueden imaginar que Dios tiene interés en nosotros y desea cuidarnos.

Muchos de nosotros aceptamos buenamente que alguna clase de inteligencia superior ha creado este intrincado y bello mundo. Parece demasiado ordenado para que sea el producto del azar. Pero mucha gente moderna, igual que los deístas de los tiempos de Thomas Jefferson, niegan cualquier posibilidad que ese Creador pueda estar vivo y activo en la historia. Para ellos Dios no es amigo ni enemigo. El está demasiado ocupado siendo Dios como para perder su tiempo en nosotros.

De todos modos, tener cuidado de algo produce dolor. Tiene su costo. Implica ansiedad y sudor. Seguramente que Dios debe estar por encima de tales cosas, existiendo en una eterna serenidad, tal como lo imaginaron los epicúreos. Si Dios aceptase la carga del amor o se permitiese a sí mismo tener piedad, nunca tendría solaz y descanso para poder ser Dios. Debería ser fríamente indiferente.

Lo que pensamos acerca de cómo es Dios

Por supuesto, la gente tiene muchos conceptos acerca de cómo es Dios. Algunos lo ven como un simple espectador, dando hurras desde los costados de la cancha. Otros lo ven muy distante, sin inmiscuirse en ningún asunto humano, para preservar su santidad. El Antiguo Testamento parece alentar esta idea. El profeta Isaías, por ejemplo, dice 39 veces: "El es Santo". La palabra hebrea para "santo" *(gadosh)* significa primeramente "aparte, separado, diferente". Esta absoluta "otridad" es una aguda línea divisoria entre un Dios que es santo y unos hombres que son pecadores. Este es un gran concepto con muchas ventajas. Para mí es superior a esa otra idea de santidad, demasiado familiar, que supone ser para el hombre una escalera casi imposible de subir. Describir a Dios como santo es rendirle el respeto que merece. También implica algunas cosas saludables en cuanto a nuestra necesidad de humildad.

Pero si no somos cuidadosos puede llevarnos a callejones oscuros y sin salida. Podemos llegar a pensar que Dios es inaccesible. Después de todo El le dijo a Moisés: "No podrás ver mi rostro", porque no me verá hombre, y vivirá (Exodo 33:20). En el Antiguo Testamento si alguno tenía siquiera un atisbo de la faz de Dios, firmaba su sentencia de muerte.

Mucha gente piensa que Dios es tan santo que ni usted ni yo podríamos jamás acercarnos a El. ¡Cuánto más somos conscientes de nuestra pecaminosidad más grande se hace la separación entre nosotros y El! ¡Cuanto más necesitamos a Dios, más difícil se hace hallarle! "¿Quién subirá al monte de Jehová"? ¿Y quién estará en su lugar santo? El limpio de manos y puro de corazón; el que no ha elevado su alma a cosas vanas, ni jurado con engaño" (Salmo 24:3-4) ¡Esto me pone del otro lado de línea! ¿Quién de nosotros se califica para subir a la sagrada montaña? Ninguno. Ni aun aquellos que falsamente se creen santos. Todos somos pecadores, cada uno de nosotros. Y así la bella, necesaria y correcta idea de la santidad de Dios viene a ser una barrera. Cualquier vía de acceso está bloqueada entre Dios y cada uno de nosotros.

Pero no es correcto pensar que el Antiguo Testamento enseña que El nos vuelve la espalda y se desentiende de nosotros. Por el contrario, describe vívidamente la figura de un Dios que se involucra notablemente en las vidas de los individuos y la historia de las naciones. Dios está siempre activo, haciendo en la tierra lo que El quiere. Con una gran meta por delante, preserva a algunos y sacrifica a otros. Rescinde temporalmente las leyes de la naturaleza cuando eso conviene a sus propósitos. El está por sobre la política y los gobiernos de las naciones.

Por lo demás, desarrolla profundos lazos con ciertos individuos. Hay afinidad entre el Espíritu Santo y el espíritu de los hombres, según dice el salmista: "Un abismo llama a otro a la voz de tus cascadas" (Salmo 42:7). Un simple ser humano puede clamar: "El Señor es mi pastor" (Salmo 23:1)

Una de las afirmaciones más profundas para describir la tensión que existe entre la lejanía de Dios, y también su cercanía, se encuentra en el profeta Isaías: "Porque así dijo el Alto y Sublime, el que habita la eternidad, y cuyo nombre es el Santo: Yo habito en la altura y la santidad, y con el quebrantado y humilde de espíritu, para hacer vivir el espíritu de los humildes, y para vivificar el corazón de los quebrantados" (Isaías 57:15).

La verdad

¡Jesús enseñó que Dios está mirando por nosotros! El es no solamente un pastor, sino el Buen Pastor que busca a las ovejas perdidas. Nuestro Padre que está en los cielos no se sienta en una oficina esperando que nosotros hagamos una cita para venir a contarle cuán mal nos hemos portado. Por el contrario, El mismo es quien nos busca a nosotros. Y cuando nos halla nos invita y nos anima a venir a su casa. El desea ser nuestro amigo. Y se siente inquieto hasta que estamos en casa con El.

Si usted no es cristiano todavía, tome buena nota del párrafo que acaba de leer. ¿Desea usted saber cuál es la nota típica, característica del cristianismo? ¿Tiene curiosidad en saber qué es lo que lo distingue de todas las otras religiones del mundo? ¿Desea usted saber cómo Cristo puede ayudarle a vivir con usted mismo? Esta es la respuesta: Dios es su amigo.

¿Desea verlo en acción? Mire a Jesucristo. Jesús dijo: "Cualquiera que me ha visto a mí, ha visto al Padre" (Juan 14:9). La cosa que más perturbaba a esos fariseos que se justificaban a sí mismos era la familiaridad de Jesús con los pecadores. Jesús hacía buenas migas con toda la gente que andaba mal. Aceptaba invitaciones a comer que cualquier persona respetable hubiera rechazado. Fue visto muchas veces riendo y charlando con "mala" gente. Y la "buena" gente se ofendía.

Jesús no solamente dijo y mostró que Dios ama a la peor gente del mundo, sino que también nos aseguró que este amor es personal. Su amistad está basada en el uno-a-uno. Y Jesús pone mucho énfasis en esto. ¡Nos dice que aun los cabellos de nuestra cabeza están contados, y que tiene en cuenta a los gorriones que caen a la tierra!

Nos maravillamos de cómo esto puede ser así. Quizás usted ha tratado de hablar por teléfono con el más alto ejecutivo de una gran corporación. Usted puede hablar con una docena de secretarias y dos docenas de vicepresidentes. Cada uno le preguntará a usted mientras el gasto de la llamada de larga distancia va aumentando cómo se deletrea su nombre. El presidente de los Estados Unidos también tiene un teléfono. ¡Pero trate usted de hablar con él!

Dios no es una especie de superpresidente amplificado. Cuando yo era joven siempre me preguntaba cómo podía Dios contestar las oraciones que se hacían desde miles de iglesias los días domingo. Me imaginaba a un centenar de telefonistas atendiendo cada una cien líneas telefónicas.

Sólo recientemente me he dado cuenta cuán errónea era esta opinión de Dios y su respuesta a las oraciones. Mi hijo me trajo una hoja impresa de su clase de computadoras de la escuela. Todas las escuelas públicas tienen terminales que están conectadas a una gran computadora en el centro de la ciudad. Esta gran máquina capta todas las terminales, en forma rotativa (como un radar) en fracciones de segundo. Si hay alguna cosa digna de atención, la máquina se detiene lo suficiente como para escuchar el pedido, elaborar la respuesta, imprimir los resultados y entonces continuar su trabajo de rotación otra vez. ¡David había trabajado en la computadora por una hora, pero la computadora central había empleado en la solución de su problema sólo 3.6 segundos!

Una computadora es una máquina finita. Dios es un Espíritu Infinito, que baña toda su creación con su presencia viviente, sin límite de tiempo o espacio. Con una clara comprensión de esto, Jesús con toda calma nos dio la seguridad de que Dios cuida de cada hombre *individualmente*.

Si usted puede compartir esta comprensión de los cristianos, todo cambiará en el mundo para usted. Dios nunca está ausente como para mantenerlo a usted fuera de él. El lo ama. El lo está buscando. El desea ayudarlo. El le cuida. El desea ser su amigo.

Su vida de oración perderá su vaciedad y adquirirá una vitalidad como usted nunca lo ha imaginado. Grandes líderes espirituales a lo largo de los siglos han estado de acuerdo en que las mejores oraciones casi no necesitan de palabras o pensamientos dirigidos a Dios. Más que palabras se necesita compañerismo y amistad con Dios. Santa Teresa de Avila dijo que la oración es "desarrollar amistad con la persona que sabemos que nos ama".[9]

Cuando usted llegue a un punto en su vida en que esta idea sea una realidad para usted, estará listo para comprender cómo un Dios santo puede ser también un Dios perdonador.

> *Pero Dios, que es rico en misericordia, por su gran amor con que nos amó, aun estando nosotros muertos en pecados, nos dio vida juntamente con Cristo (por gracia sois salvos).*
>
> Efesios 2:4-5

ALGO EN QUE PENSAR

☐ ¿Cómo era su primer concepto de Dios?

☐ ¿Cómo fue cambiando este concepto a lo largo de su vida? ¿Qué causó ese cambio?

4
La naturaleza perdonadora de Dios

Dios perdona, no perdona caprichosamente, sino en base a un sabio, definido y divino arreglo previo; perdona universalmente, sobre la base de una expiación y bajo la condición de arrepentimiento y fe.

Richard Salter Storrs

Si hay alguna cosa de la cual usted puede depender con absoluta seguridad, esa es el perdón de Dios. Digo esto con la total autoridad que me concede la Biblia. No hay manera de leer y creer en la Biblia, y tener alguna duda de esto. Aquel que nos hizo del polvo de la tierra, desea perdonar nuestros pecados terrenales.

Cuanto más lee usted la Biblia, menos desea contradecir lo que está escrito en el párrafo anterior. Sería una tarea agobiante revisar tan sólo una porción del soporte bíblico que tengo para afirmar esto tan categóricamente. Pero quizás la idea es todavía nueva para usted. Si su concepto actual de Dios está basado en los temores de su niñez, o en los gritos desaforados de un predicador con más transpiración que inspiración, usted necesita escuchar aunque sean unos pocos pasajes representativos de la Biblia misma. Dejemos que Dios hable por sí mismo, mejor que a través de un intérprete. Yo creo que el Espíritu de Dios clarificará el significado para todo aquel que lea la Biblia en oración. Además, ninguno de los versículos bíblicos que le voy a dar a continuación es controversial. No hay nada difícil u obscuro en ellos.

Lo que ellos dicen acerca de la naturaleza perdonadora de Dios, es simple, claro y directo.

Ejemplos del Antiguo Testamento

A veces he oído decir que el Dios del Antiguo Testamento es un Dios de enojo e ira y que le correspondió a Jesús, y al Nuevo Testamento, introducir un lado más humano y más perdonador de Dios. De ninguna manera. Nada puede ser más incorrecto. El Dios que trabaja en el Nuevo Testamento es el mismo Dios que obra en el Antiguo. En vez de cambiar las actitudes de Dios, Cristo vino para ser la plena expresión de Dios. Sí, es cierto, hay momentos en el Antiguo Testamento cuando Dios está exasperado por la conducta humana. ¿Pero quién puede culparle? Detrás de esa ira divina, justa y santa, hay una naturaleza amorosa, compasiva y perdonadora. Así que, comencemos con el Antiguo Testamento.

Aquí tenemos un sumario sacado de Nehemías 9:16-17

> Mas ellos y nuestros padres fueron soberbios, y endurecieron su cerviz, y no escucharon tus mandamientos. No quisieron oír, ni se acordaron de tus maravillas que habías hecho con ellos; antes endurecieron su cerviz, y en su rebelión pensaron poner caudillo para volverse a su servidumbre. Pero tú eres Dios que perdonas, clemente y piadoso, tardo para la ira, y grande en misericordia, porque no los abandonaste.

Si usted lee lo que resta de este capítulo de Nehemías, verá cuán maravillosamente paciente es Dios, que perdona a los que con gritería se rebelaron contra él. Los salmos son un tesoro de consuelo para nosotros en esta materia. Voy a mencionar tan sólo tres referencias para demostrar lo que digo.

*Perdonaste la iniquidad de tu pueblo,
todos los pecados de ellos cubriste.*

Salmo 85:2

*Porque tú, Señor, eres bueno y perdonador, y
grande en misericordia para con todos
los que te invocan.*

Salmo 86:5

*Señor, si mirares a los pecados, ¿Quién, oh Señor,
podrá mantenerse? Pero en ti hay perdón,
para que seas reverenciado.*

Salmo 130:3-4

¿Y qué de los profetas? ¿No están ellos llenos de fuego y condenación? ¿No sacuden ellos un dedo delante de nuestras caras y nos dicen que nos iremos al infierno porque somos malos? Oigan lo que ellos dicen.

*Venid luego, dice Jehová, y estemos a cuenta;
si vuestros pecados fueren como la grana,
como la nieve serán emblanquecidos; si
fueren rojos como el carmesí, vendrán
a ser como blanca lana.*

Isaías 1:18

Yo deshice como una nube tus rebeliones, y como niebla tus pecados vuélvete a mí, porque yo te redimí.

Isaías 44:22

Buscad al Señor mientras puede ser hallado, llamadle en tanto que está cercano. Deje el impío su camino y el hombre inicuo sus pensamientos, y vuélvase al Señor, el cual tendrá de él misericordia, y al Dios nuestro, el cual será amplio en perdonar.

Isaías 55:6-7

Y no enseñará más ninguno a su prójimo, ni ninguno a su hermano diciendo: Conoce a Jehová; porque todos me conocerán, desde el más pequeño de ellos hasta el más grande, dice Jehová; porque perdonaré la maldad de ellos, y no me acordaré más de su pecado.

Jeremías 31:34

Y los limpiaré de toda su maldad con que pecaron contra mí; y perdonaré todos sus pecados con que contra mí pecaron, y con que contra mí se rebelaron.

Jeremías 33:8

¿Qué Dios como tú, que perdona la maldad, y olvida el pecado del remanente de su heredad? No retuvo para siempre su enojo, porque se deleita en misericordia.

Miqueas 7:18

¿Necesita usted algo más para quedar convencido? Yo sólo he arañado la superficie. Lea el breve libro de Oseas. Vea cómo el fastidio y la molestia del Señor a causa de nuestra mala conducta se cambia al final por un amor inextinguible:

*Yo sanaré su rebelión, los amaré de pura gracia;
porque mi ira se apartó de ellos.*

Oseas 14:4

Ejemplos del Nuevo Testamento

El testimonio del Antiguo Testamento es claro. Dios nos ama profundamente y desea perdonarnos. Pero no nos limitamos a aquellos antiguos testigos. El Nuevo Testamento continúa y perfecciona la historia del amor de Dios. Jesús preguntó a Felipe: "¿No crees que yo soy en el Padre, y el Padre en mí? Las palabras que yo os hablo no las hablo por mi propia cuenta, sino que el Padre que mora en mí, él hace las obras. Creedme que yo soy en el Padre y el Padre en mí, de otra manera creedme por las mismas obras". (Juan 14:10). ¿Qué es lo que vemos cuando miramos a Jesús? Vemos a una persona que perdona sin ninguna vacilación, alguien que expone su propia seguridad y acepta severas críticas, para asegurarnos el amor perdonador del Padre. Lean Lucas 5:17-26 y Juan 8:1-ll, como ejemplos de este amor superexcelente que perdona *todos* los pecados de *todos* los pecadores. Lean la parábola conocida como "El hijo pródigo." Cuando el joven regresó a casa después de haber dilapidado la fortuna y escarnecido el nombre de su padre, venía con un discursito en la mente: "Padre, he pecado contra el cielo y contra ti. Ya no soy digno de ser llamado tu hijo; hazme como a uno de tus jornaleros" (Lucas 15:18-19).

Notemos bien lo que Jesús nos dice. No bien el joven empezó su discurso, el padre lo interrumpió con un abrazo de amor. No le dejó decir la parte final: "Hazme como a uno de tus jornaleros". ¡El amoroso padre ni lo escuchó! En vez de castigarlo o reprenderlo dijo: "Sacad el mejor vestido; y vestidle; y poned un anillo en su mano y calzado en sus pies... y comamos y hagamos fiesta".

Cuando observamos las acciones de Cristo trabajando entre los hombres, tenemos la impresionante demostración del amor incondicional de Dios para cada uno de nosotros. Aun en el caso del joven rico, que rechazó la oferta de Jesús, el relato dice que: "Jesús lo miró y lo amó" (Marcos 10:21). Jesús dijo a sus seguidores que debían perdonar "setenta veces siete" (Mateo 18:22), o sea sin límite.

El perdón de los pecados es algo que está en el mismo corazón del Nuevo Testamento. Cristo, aun agonizando en la cruz, dijo: "Padre, perdónalos porque no saben lo que hacen". (Lucas 23-34).

Los peligros de entender superficialmente

Los pocos párrafos escritos arriba, apenas bosquejados, debieran ser suficientes para convencernos. Sin sombra de duda, la Biblia enseña que debemos y podemos depender enteramente del amor perdonador de Dios. Lamentablemente esto ha dado lugar a algunas interpretaciones erróneas.

Si acepto el perdón de Dios como un hecho cierto, puedo empezar a pensar que las cosas que hago, digo y pienso, carecen de importancia para Dios. Si de todos modos al final Dios me perdonará todos mis pecados, ¿qué importancia tiene lo que lo haga o no? La ley de retroacción, anunciada por Stewart, dice: "Es más fácil obtener perdón que permiso".[10]

Este fue el tarro de gusanos que Pablo abrió cuando escribió y predicó tan entusiastamente acerca de la salvación por gracia. El amor de Dios por nosotros es un don gratuito. No depende de cuán buenos somos, porque todos somos pecadores, aun los que hacen el bien. No podemos ganar el afecto de Dios con nuestras obras o nuestro comportamiento o nuestros hechos. Pablo se regocija en su descubrimiento de que nada debemos hacer para ser salvos, porque nada podríamos hacer tampoco. Nuestro perdón es inmerecido. "Dios encarece su amor para con nosotros en que siendo aún pecadores, Cristo murió por nosotros" (Romanos 5:8).

Para una cultura como la judía, sobresaturada de legalismo en la vida religiosa, esto cayó como una bomba. La gente empezó a comprender lo que Jesús había dicho. Tristemente, muchos nuevos cristianos pensaron que la salvación gratuita era una especie de licencia para pecar. Si podían pasar por encima de todos los mandamientos, y todavía disfrutar de la salvación gratuita y la gracia perdonadora, entonces ¿por qué preocuparse tanto?

Mucha gente ha pensado así a lo largo de los siglos. Todavía lo pensamos. En ciertos lugares donde no ponen multas por estacionar el auto fuera de horas en un lugar inapropiado, no se preocupan en lo más mínimo por cumplir las leyes. Otros acumulan montones de citaciones. Antes que nuestro gobierno se pusiera más estricto, muchos estudiantes nunca devolvían el préstamo que les dieron para estudiar. Si todos pudiéramos hacer lo mismo, lo haríamos. Ciertamente, hay mucha gente que vive en un elevado plano moral, quienes hacen lo que es honesto y recto aun cuando no haya penalidades. Pero si usted tiene un negocio, debe ser realista y tener en cuenta la tendencia humana de hurtar cualquier cosa que tienen al alcance de la mano.

El método que tiene Dios para tratar con nosotros es algo diferente. El apóstol Pablo nos dice que Dios borrará nuestras cuentas de modo que no tengamos que pagarle nada. Mucha gente no entiende bien esto y no es extraño.

Pablo expuso el asunto con claridad meridiana. "¿Qué, pues, diremos? ¿Perseveraremos en pecado para que la gracia abunde? En ninguna manera. Porque los que somos muertos al pecado, ¿cómo viviremos aún en él?" (Romanos 6:1-2). En vez de vivir decentemente para hacer que Dios nos ame, vivimos decentemente *porque* Dios nos ama. Nuestro comportamiento es una respuesta al amor de Dios, no un tiquete que lo compra.

A veces, cuando al fin nos convencemos de la naturaleza perdonadora de Dios, concluidos erróneamente que debe ser una cosa fácil para Dios el perdonarnos. Lo mismo que un millonario que se aviene a pagar sin dificultad la cuenta de electricidad de un pobre prójimo, porque le sobran los millones, asumimos que Dios nos perdona con poco o ningún costo para El. Esto es lo que se llama, "gracia barata". La Biblia enfatiza tanto la seguridad del perdón que a veces pensamos que Dios perdona con un simple gesto de mano. ¿El pecado humano? ¡Una fruslería!

La verdad está justamente en el lado opuesto. La Biblia insiste que el pecado es costoso para nosotros, nuestra familia, nuestro vecindario el mundo entero. Nuestro pecado carga la cuenta de las futuras generaciones, así como nosotros estamos pagando las cuentas de generaciones anteriores. El pecado humano es muy caro. Se paga en dólares, sangre y lágrimas y no hay que equivocarse en esto: nuestra deuda de pecados es siempre más grande de lo que podemos pagar. Aun nuestras grandes pérdidas en felicidad, reputación y posición no son suficientes para cancelar la cuenta.

Pero el único que paga es Dios. Esta verdad la he estado compartiendo con usted a través de estos cuatro capítulos, y no me voy a meter ahora en un sirope teológico para probárselo. Pero si usted tiene imaginación, úsela. Le prevendrá de tomar el perdón livianamente. Y más tarde, le permitirá perdonarse a sí mismo.

Imagine, si puede, lo que es parecerse a Dios. Esto es algo inquietante, lo sé. Jesús dijo que Dios se parece a un padre que ama a sus hijos. Si usted es padre, no necesita mayor guía. Si usted no es padre, trate de imaginar lo que sería amar a un hijo de todo corazón.

Usted ha visto, cuidado y alimentado a su hijo desde la cuna; lo ha visto crecer y desarrollarse, y ha disfrutado cada etapa de su crecimiento. Usted ha invertido en él una cantidad de tiempo y emoción. Usted se ha despertado en la noche al oírlo toser y ha notado un problema en sus bronquios; ha corrido al hospital con él y lo ha llevado a la sala de emergencias porque se ha herido. Usted le ha comprado juguetes, le ha leído libros en alta voz y se ha reído con él por las caricaturas de la televisión. Usted le ha secado las lágrimas de un ojo golpeado y se ha afanado para proveerle educación. Usted ha visto cómo los zapatos les quedan chicos antes de que los hayan gastado y se ha sacrificado para comprarles "jeans" a la moda. Usted le ha contestado doscientas preguntas y le ha evadido otras doscientas. De muchos modos y maneras usted ha hecho cosas por él por las cuales nunca le dará las gracias, pero el único hecho incontrolable, sobrecogedor e ineludible es su amor por ese chico. Para protegerlo a él, o a ella, usted puede luchar con un oso en los bosques o con toda la comisión municipal si es preciso.

Ahora, multiplique eso por una cifra infinita. Imagine a nuestro Creador cuidando de sus criaturas de igual manera. Piense cómo reaccionaría usted si lo llamara la policía para decirle que su hijo está preso por traficar con drogas. Considere cómo sería su pena si su hija de dieciséis años se ha escapado con un hombre tres veces divorciado de treinta y seis. Párese sobre el pavimento ensangrentado donde la motocicleta de su hijo ha chocado con un camión y sentirá cómo se le retuercen las entrañas, cosa que llamamos un corazón destrozado. Recuerde que usted siente estas cosas por una sola razón: El amor que tiene por sus hijos. Usted descubrirá que el amor le cuesta mucho. Lo hace vulnerable a horribles dolores. ¿No piensa usted que eso duele aunque fuera como Dios?

Y esto aún no es todo. Ahora piense que tiene que pagar la fianza para sacar a su hijo de la cárcel. Tiene que abrir la puerta de su casa para que entre su hija desilusionada, desesperada. Y tiene que pararse junto a la cama de un hospital cuando su hombrecito recupere el sentido, medio atolondrado, medio atontado. En todos los casos sus hijos quieren saber si usted todavía los ama. Ojos aterrorizados llenos de remordimiento lo mirarán a usted buscando esa seguridad. ¿Será fácil dársela?

La cosa más barata y fácil sería dejar a su hijo que se pudriera en la cárcel y cerrarle a su hija la puerta en las narices y no preocuparse más. Con un simple ademán usted puede desentenderse de toda la responsabilidad en el asunto; y decirle al hijo, que espera que por fin haya aprendido la lección.

Lo que más le costará a usted es lo que más necesitan sus hijos: Un amoroso perdón.

Lo mismo ocurre con Dios. Mire lo que dice ese poeta que es Isaías respecto al Siervo Sufriente.

Ciertamente llevó con él nuestras enfermedades y sufrió nuestros dolores; y nosotros lo tuvimos por azotado, por herido de Dios y abatido. Mas él fue por nuestras rebeliones, molido por nuestros pecados; el castigo de nuestra paz fue sobre él, y por su llaga fuimos nosotros curados. Todos nosotrosnos descarriamos como ovejas, cada cual se apartó por su camino mas Jehová cargó en él el pecado de todos nosotros.

Isaías 53:4-6

La iglesia cristiana ha identificado siempre este siervo sufriente de la profecía, y otras semejantes, con el Señor Jesucristo. Agregue a esto el pleno conocimiento que usted pueda extraer del gran texto de Juan 3:16: "De tal manera amó Dios al mundo que dio a su Hijo unigénito..." Quizás está ahora empezando a ver. El amor que perdona es la cosa más cara que se pueda concebir. El amor puede ser derrochador, pero los pagos siempre vendrán a la larga. Y el que ama es el que paga. La gracia es libre sólo para el que la recibe. Perdonarnos a nosotros le costó a Dios una enormidad.

¿Por qué está usted leyendo este libro? ¿Cómo ha contribuido usted a crucificar al Hijo de Dios? ¿Qué hizo usted? ¿Robó algo? ¿Hirió a alguien? ¿Dividió una iglesia? ¿Cometió adulterio? ¿Estropeó un equipo? ¿Destruyó la reputación de alguien? Sea lo que fuere que haya hecho, no importa cuán terribles hayan sido las consecuencias, usted puede contar plenamente con esto: Dios desea perdonarlo. A un enorme costo para sí mismo El desea cancelarle su deuda.

Ahora pregúntese, ¿quién es usted para no perdonarse a usted mismo? ¿Tiene usted normas morales más altas que las de Dios? Yo sé cuál es el problema. No es lo que usted piensa sobre el asunto, sino cómo usted se siente. Puede usted aceptar todo lo que yo digo, y todavía sentirse decaído. Hablaremos de esto en el próximo capítulo.

Os digo que así habrá más gozo en los cielos por un pecador que se arrepiente, que por noventa y nueve justos que no necesitan de arrepentimiento.

Lucas 15:7

ALGO EN QUE PENSAR

☐ Qué es lo que más le ha ayudado al ver en Dios un amigo que busca reconciliación?

☐ Si usted no puede ver a Dios de esta manera, ¿cuál es la razón?

TERCERA PARTE

Barreras para vivir una vida libre de culpa

5
El problema es cómo usted se siente (No lo que usted piensa)

La consciencia es meramente nuestro propio juicio de lo bueno y lo malo de nuestras acciones y por eso no puedo ser nunca una guía segura, a menos que esté iluminada por la Palabra de Dios.

Tryon Edwards

Todos tenemos dos maneras de "pensar": Con nuestra cabeza y con nuestro corazón. Cuando el caso es más difícil o más agobiantes las circunstancias, más seguramente el corazón se sobrepone a la cabeza. Una cosa es creer intelectualmente que Dios perdona. Otra, enteramente diferente, *sentir* que usted ha recibido el perdón.

Ya hemos dicho antes que la confesión es el primer paso hacia el hecho de perdonarse a sí mismo. Pero es sólo el primer paso. Otros pasos deben seguir.

El niño le dice a su madre, —dije una mentira.

—Está bien —dice la comprensiva mamá— te perdono.

—Sí, pero de todos modos dije una mentira.

La confesión puede producir un tremendo alivio emocional. Usted puede llorar o reír estrepitosamente. Momentáneamente puede tener más apetito, y disfrutar de mejor sueño. Pero gradualmente los viejos sentimientos comienzan a surgir en su cabeza. La memoria está todavía allí. Si usted no tiene confianza en nadie, deje que Dios solo lo perdone. Si se detiene aquí, va a llegar al punto de decir: "Sé que Dios me ha perdonado, pero todavía no me he perdonado a mí mismo". Los textos citados de la Biblia podrán impactar su mente y dejarlo convencido de su verdad, pero su corazón todavía no está convencido cabalmente. El perdón de sí mismo suele ser más complejo que una convicción religiosa. Podemos reconocer que estamos perdonados sin sentirnos perdonados.

Le recuerdo otra vez que usted necesita enfrentarse cara a cara con sus dificultades. La página impresa sólo puede decir cosas. Hay preguntas con las cuales usted necesita luchar. Pueden haber puertas dentro de usted que ha mantenido cerradas por tanto tiempo que ya no recuerda dónde ha puesto la llave. Un consejero competente, paciente y amistoso, podría ayudarle a explorar su territorio emocional, que de otro modo usted puede pasar por alto.

He aquí algunos pocos ejemplos de cómo su ordinaria naturaleza humana puede impedirle a usted sentirse perdonado.

Una autoestimación dañada

Siempre que usted comete un error, se disgusta con usted mismo, pierde el control y dice o hace algo ridículo, está perdiendo un pedacito de su autoestima. Empieza a verse inferior. En una forma sutil, que usted no nota ni comprende, empieza a castigarse usted mismo.

¿Ha visto usted esos individuos en Filipinas o Irán que se flagelan el cuerpo en las grandes fiestas religiosas? Jóvenes con la espalda desnuda caminan en solemne procesión, castigándose con el "gato de nueve colas" (un látigo que tiene nueve cordeles, a veces terminado cada uno en una bolita de plomo) levantándose ronchas y cardenales hasta sacarse sangre? Usted podrá decir que esto es horriblemente primitivo, sin sentido y desagradable. Pues bien, si usted entiende a través de la Biblia que Dios lo ha perdonado, pero todavía no puede perdonarse a sí mismo, probablemente ha de estar ocupado en autoflagelarse, tal como un filipino o un iraní. Quizás usted está empezando a comer demasiado o a beber y emborracharse. Puede ser que no trabaje bien, o rehuse aceptar un elogio o no presta atención a su arreglo personal o no hace suficiente ejercicio. Dicho de otro modo usted se está imponiendo el caminar otro kilómetro más.

Cuando su autoestimación ha sido dañada, es más fácil perseguirse a usted mismo que aceptar el perdón de Dios. Pero hay un camino de salida. Recuerde que Dios lo ama, que usted es hijo suyo. Sí, usted ha afligido a su Padre celestial, pero El todavía lo ama. Jesús dijo: "Al que a mí viene, no le echo fuera" (Juan 6:37).

No solamente Dios lo ama y acepta, sino que puede ayudarle a ser importante para alguna otra persona. Esta es la más segura reparación para una autoestima dañada. Usted nunca sentirá que vale algo hasta que sea valioso para alguna otra persona. El sentimiento de que uno no vale nada es el resultado de relaciones que no tienen sentido. Dios le ha dado vida con un propósito. Usted es necesario. Usted tiene una responsabilidad exclusiva que nadie puede llenar. Cuando usted cmpiece a vivir una vida que tiene un propósito junto a otros, naturalmente hallará que es fácil vivir con usted mismo.

Y se asombrará de ver cuán rápidamente Dios contesta su oración y le da a alguien a quien puede cuidar. Su vecindario está lleno de gente que necesita de usted. Vaya a algún asilo de ancianos y camine a lo largo del corredor. Personas que no le conoce le extenderá las manos, desesperados por llamar su atención. Si usted se lo permite, ellos le cogerán sus manos y estarán hablando durante horas. No hay excusa para que usted se sienta un inútil que nadie necesita.

Todos los dictadores y déspotas de este mundo han sufrido de una autoestima insatisfecha. Esto se aplica desde la irritante persona con la cual usted trabaja hasta esos payasos que han hecho noticia blandiendo espadas y pistolas delante de nuestras narices. Considere a personas tales como Noriega y Hussein. Ellos crearon un clima de inseguridad en el mundo. Pero ambos, no eran más que criaturas inseguras que trataron de compensar su inseguridad haciéndose "poderosos". Anduvieron buscando un poco de autorespeto. Insatisfechos con ellos mismos como personas, trataron de controlar y manipular a otros como un medio de lograr autoestima.

Jesús fue tentado a ser un conquistador terrenal. El pudo ser un gran líder militar y político. Tenía la clase de carisma personal que hubiera hecho eso posible. Lo que muchos de nosotros no captamos es que Jesús no necesitó hacer eso. Tenía una extraordinaria personalidad sana y buena, y comprendió que la autoridad y prestigio mundanales son cosas sin valor y pasajeras. Nunca sufrió de poca autoestimación que necesitase disimular dominando al público. No alimentó su personalidad a través de la explotación de otros. Cuando los gobernantes de este mundo hacen que sus subordinados se sientan faltos de dignidad mientras ellos mismos están manipulando el poder y la autoridad, no están haciendo absolutamente nada para sobreponerse a su baja autoestima. La única manera que tenemos para empezar a elevar nuestra autoestimación, es elevando nuestra estimación por otros. Eleve la autoestimación de sus vecinos, y usted incrementará la suya propia. Eso es simple. Es de gran valor llegar a ser un siervo tal como Cristo lo demanda. El modo de aceptarse usted mismo es aceptando a otros. La manera de amarse usted mismo es amando a otros. Este es el camino que Dios hizo. Este es el camino que Dios desea. Esta es la única manera de lograrlo.

Resentimiento

¡He aquí una cosa nauseabunda! El resentimiento es una natural respuesta humana, pero es siempre dañino. En la próxima sección vamos a examinar detalladamente cómo el perdonarse a usted mismo involucra a otras personas. Por ahora, recordemos cómo Jesús nos enseñó a orar: "Y perdónanos nuestras deudas, así como nosotros también perdonamos a nuestros deudores" (Mateo 6:12).

El resentimiento es una barrera para el perdón de Dios. Si no hemos perdonado a la persona, la institución, el sistema o las circunstancias que intervinieron en nuestra caída, nunca nos sentiremos perdonados.

De nuevo existe ayuda. Recuerde que la otra persona es también hijo de Dios. Trate de ser comprensivo y paciente. Es cosa natural que usted sienta resentimiento por palabras o cosas que le han hecho, aunque hayan sido sus seres queridos. Las personas que usted más quiere y cuida serán precisamente las primeras que lo van a molestar. Usted no siente resentimiento por el conductor sin rostro que comete tantas infracciones en la autopista. Puede usted enojarse por su peligroso modo de manejar. Pero no siente resentimiento contra él. Cuando se vive en familia, en estrecha proximidad de unos con otros es cuando más fácilmente surgen las fricciones. Los grandes santos de la historia de la iglesia le dirán que es una tremenda disciplina espiritual aprender a tragarse muchas cosas, y controlar el orgullo.

El resentimiento se relaciona directamente con la culpa. Ambos surgen de la ira. "Culpa es la ira dirigida contra nosotros mismos por lo que hicimos o no hicimos. Resentimiento es la ira dirigida a otros por lo que ellos hicieron o no hicieron". [11]

No olvide nunca que el resentimiento es siempre una influencia negativa. No permita que usted mismo llegue a estar obsesionado con la revancha mental. Haga suya esta promesa: *Cuánto más perdonador sea usted con otros, más se sentirá usted perdonado a sí mismo. Cuanto más dé más recibirá.*

Todo se logra mostrando un poco de misericordia. Jesús dijo: "Bienaventurados los misericordiosos, porque ellos alcanzarán misericordia" (Mateo 5:7). El pensamiento podría ser expresado también de esta manera: "Bienaventurados aquellos que no coleccionan resentimientos".

¿Piensa usted que no puede controlar sus sentimientos? Está equivocado. Sus sentimientos pueden ser educados y controlados o pueden ser dejados correr libremente. Es posible manejar la imaginación. La misericordia, que es lo opuesto al resentimiento, empieza en sus pensamientos. Usted puede cultivar una actitud amable y bondadosa como también puede alimentar odio, resentimiento, ira y encono. He conocido gentes que podían mantener viva una contienda durante años. Esperaban pacientemente el momento de tomarse la revancha. Sentimiento y acción interaccionan el uno sobre el otro. Sea indulgente con sus sentimientos y ellos se harán poderosos.

Si usted se rehúsa a expresar amor, aceptación y perdón por otros, se queda en su propia posición. Usted mismo se está dando la orden de no perdonar nunca. Esto no es un idealista precepto religioso. Es el camino que hay que tomar. No hay libertad mejor que la que se siente cuando uno abandona todo resentimiento.

Legalismo religioso

Tristemente, una distorsionada experiencia de "religión" puede también ser un estorbo. Si usted ha sido criado con estrechos, mezquinos y fanáticos prejuicios religiosos, le costará mucho aceptar lo que su corazón le dice en contra de sus pensamientos. Puede que usted piense que Dios es una especie de máquina tragamonedas. Pone usted algunas monedas en la máquina y algo sale de ella, casi siempre. Si no pone nada, nada saca, y si sale algo, algo anda mal en la máquina.

La gente cortés dice que no hay que criticar ninguna religión. Pero el Señor Jesús no hizo caso de eso. El fue un devastador crítico de la religión de sus días. Nada lo hizo enojar más que ver a los religiosos profesionales interferir en el libre fluir del amor de Dios. ¿Usted piensa que es malo criticar a la religión y a los religiosos? Mire lo que decía Jesús: "Mas, ¡ay de vosotros, escribas y fariseos hipócritas! porque cerráis el reino de los cielos delante de los hombres;

pues ni entráis vosotros, ni dejáis entrar a los que están entrando. ¡Ay de vosotros, escribas y fariseos, hipócritas! Porque devoráis las casas de las viudas, y como pretexto hacéis largas oraciones; por esto recibiréis mayor condenación. ¡Ay de vosotros, escribas y fariseos hipócritas! porque recorréis mar y tierra para hacer un prosélito, y una vez hecho, le hacéis dos veces más hijo del infierno que vosotros" (Mateo 23:13-15).

Nuestro Señor habló en estos severos y cáusticos términos. Algunos eruditos del Nuevo Testamento han sugerido que los primeros cristianos tergiversaron estos comentarios y los pusieron más fuertes de lo que originalmente fueron dichos. Sea esto cierto o no, la verdad es que Jesús tuvo fuertes sentimientos de rechazo en cuanto a esto.

Lo que más enfurecía a sus enemigos era su crítica a la enseñanza religiosa: "¡Guías ciegos, que coláis el mosquito, y tragáis el camello! ¡Ay de vosotros escribas y fariseos hipócritas! porque sois semejantes a sepulcros blanqueados, que por fuera, a la verdad, se muestran hermosos, mas por dentro están llenos de huesos de muertos y de inmundicia. Así también vosotros, por fuera a la verdad os mostráis justos a los hombres, pero por dentro estáis llenos de hipocresía e iniquidad." (Mateo 23: 24, 27-28).

Francisco de Sales en sintonía con el Espíritu de Cristo, expresó el problema de esta bella manera: "Las personas creen naturalmente que ellos están haciendo lo correcto. El que ayuna, piensa que eso lo convierte en más devoto aunque almacene odio en su corazón. Otro es que es abstemio total, sin embargo, engaña y estafa a su vecino hasta beberse su sangre si es preciso. Hay quien asegura que es muy devoto porque dice largas oraciones, aunque su lenguaje es áspero y arrogante lo mismo en su casa que en el trabajo.

También hay quienes dan deliberalmente a los pobres pero es incapaz de perdonar a sus enemigos y otros perdonan a sus enemigos pero no pagan sus cuentas. Todos estos pueden ser vistos como devotos, pero no lo son. Ellos solamente tocan muy ligeramente las verdades emocionales".[12]

Algunos clérigos generan sus ingresos induciendo la culpa en otros. Ellos podrán ser muy notorios pero convierten a Jesucristo en algo maligno y descuartizan las Escrituras. Muchos de ellos representan la más reciente generación de fariseos, trasmitiendo el veneno de esos predicadores, muertos desde hace tanto tiempo. La religión pietista que proclaman parece ser suficiente, pero es tóxica.

Si usted ha recibido una dosis letal de este subproducto del cristianismo, tendrá mucha dificultad para perdonarse usted mismo.

Pero existe una salida. Busque la madurez espiritual que le han negado. Hágase usted mismo algunas preguntas punzantes acerca de lo que le han dicho y evalúe las personalidades de aquellos que le han comunicado la fe a usted. Compare lo que ha oído con lo que puede leer por usted mismo en la Biblia. Reemplace el temor inmaduro por una confianza adulta. No piense que usted puede hacerlo todo (ni tampoco que no puede hacer nada) para remover aunque sea una partícula de esa culpa que usted carga. Jesús murió por sus pecados; usted no tiene que hacerlo de nuevo. Cante ese conocido himno:

Roca de la eternidad

Roca de la eternidad fuiste abierta tú por mí,
Sé mi escondedero fiel. Sólo encuentro paz en ti,
Rico, limpio manantial, en el cual lavado fui.
Aunque sea siempre fiel, aunque llore sin cesar,
Del pecado no podré justificación lograr;
Sólo en ti teniendo fe deuda tal podré pagar.
Mientras haya de vivir, y al instante de inspirar,
Cuando vaya a responder en tal augusto tribunal,
Sé mi escondedero fiel, roca de la eternidad.[13]

Algunas de las culpas que sentimos, no son el resultado de nuestra propia elección, otros las echan sobre nosotros. Vamos a tratar de entender este problema en el próximo capítulo.

> *Porque la tristeza que es según Dios produce*
> *arrepentimiento para salvación, de que no*
> *hay que arrepentirse; pero la tristeza*
> *del mundo produce muerte.*
>
> 2 Corintios 7:10

ALGO EN QUE PENSAR

☐ ¿Cuál es su mayor barrera para aceptar el perdón?

☐ Piense en todos los sucesos del día anterior, o de la semana pasada. ¿Cuántas de sus reacciones en esos momentos pueden ser analizadas como opuestas a lo que usted pensó acerca de la situación?

6
La culpa heredada

La mente culpable está llena de escorpiones

Shakespeare

Todos nacemos dentro de una familia. No nacemos de huevos incubados en la arena. Cada uno de nosotros tiene un ombligo y una madre. Ahora la ciencia conoce claramente que los nueve meses que pasamos en el vientre materno no son meses de aislamiento. El feto responde a los sonidos, conversaciones y estímulos de toda clase. Debido a que nuestra primera sangre es la sangre de nuestra madre, comemos lo que ella come, bebemos lo que ella bebe. Si ella toma drogas nosotros tomamos drogas. Si ella se expone a los rayos X nosotros nos exponemos a los mismos rayos. No tenemos ninguna opción en este asunto. En todo el largo período de gestación somos uno con nuestra madre. Experimentamos la vida desde mucho tiempo antes que "nazcamos", y nuestra experiencia es la experiencia de nuestra madre.

Las gentes son diferentes. Las madres varían. ¿Qué siente usted cuando a la vuelta del año llega otra vez el Día de la Madre? Quizás le sea difícil a usted expresar la misma melosa dulzura de la tarjeta especial que le compró. Usted puede haber sido bendecido con una madre angelical o con una que ha descendido bastantes grados en la escala de la santidad. Hay muchas variedades de madres.

Lo mismo pasa en cuanto al padre. Mucha gente tiene dificultad en decir la Oración del Señor por aquello de su comienzo: "Padre nuestro". Porque para ellos el padre puede ser una figura ausente, o un déspota opresivo.

Es necesario que reconozcamos una cosa con respecto a nuestros padres. Ellos no son "profesionales". Conciben y procrean hijos sin saber nada de cómo criarlos. No tienen ninguna experiencia como padres cuando les nace el primer hijo, y como todos los hijos son diferentes, tampoco son "profesionales" con la crianza de los subsiguientes.

Pueden asistir a todo tipo de clases sobre la "paternidad" y seguir siendo incompetentes cuando se les presenta una situación seria con cualquiera de los hijos. Aun los consejeros profesionales, que pueden guiar a otros teóricamente, fracasan lamentablemente cuando deben tratar con problemas de sus propios hijos. La vida actual es muy complicada y aun en comunidades de mucha intimidad existe la competencia de culturas. Frecuentemente los mejores padres fallan en darnos lo que necesitamos. Cometen errores. Las personalidades son lastimadas lo mismo que los cuerpos.

¿Cuál es el modelo de una familia saludable, funcional y sostenedora del bien ? Es imposible hallar ninguna en la televisión. Las familias que usted ve por televisión son ficciones de los escritores de libretos, que a lo mejor no tienen ninguna genuina experiencia familiar. Ellos escriben historias aceptables en el mercado. Si usted mira programas familiares de los años 50 y 60, todavía sigue mirando ficciones idealizadas, que tienen poco contacto con la realidad. Algunos dicen que aquellos programas presentaban "felices problemas con felices soluciones" y que así nunca fue la vida real. No hay un ejemplo perfecto de una perfecta familia.

El problema se mantiene. Todos hemos sido niños pequeños, si sobrevivimos, fue porque alguien cuidó de nosotros. Hay que hacer una enormidad de trabajo para cuidar un infante hasta que se independiza de la madre y el padre. La película *"Home Alone"* (Solo en casa) fue enormemente popular, pero eso fue sólo un sueño imposible e irrealizable.

Ninguna de las ingeniosas tretas y trampas de este "Rambo" de 8 años serían realizables en la vida real. Durante muchos años permanecemos física y emocionalmente dependientes de alguien mayor que nosotros.

Por supuesto hoy en día hay miles y miles de niños que viven encerrados porque su padre o madre trabajan. La mayoría de los distritos escolares de los Estados Unidos informan que la mitad de sus alumnos provienen de hogares con un solo padre o madre. Muchos chicos agarran la calle por su cuenta a muy temprana edad. Ellos tienen que arreglárselas de alguna manera, o no sobreviven. Un día un chico del primer grado me dijo: "Cuando uno va al servicio higiénico, tiene que mirar por debajo de la puerta. Si ve pies allí, pueden saltar sobre uno".

Esto es lo mismo que decir que todos estamos expuestos a tremendas influencias mientras crecemos. Nos suceden cosas muy buenas y también otras que no lo son. Somos fabricados y moldeados, lavados y peinados, aliñados y fregados por otras manos. Es imposible dejar a un lado el hogar, haya sido malo o bueno. Siempre llevaremos un equipaje emocional. Nosotros dejamos el hogar, pero el hogar no nos deja a nosotros. Consciente o inconscientemente recordamos y revivimos todo aquello que nos pasó dentro de las cuatro paredes del hogar donde nacimos. Podemos "crecer" pero siempre hay un niño dentro de nosotros. Los sucesos de la vida que nos han causado sentimientos, pueden haber pasado, pero los sentimientos en sí mismos están todavía con nosotros. Podemos pensar: "Nada está mal; no te aflijas", pero nuestros sentimientos van más allá de nuestra mente. Podemos ser adultos, aun ancianos, pero seguimos usando los mismos trucos y disculpas que usábamos cuando éramos niños. Esas respuestas infantiles eran una manera de copiar. Pudieron ayudarnos a sobrevivir *entonces,* pero *ahora* nos causan conflicto y tensión, y no nos gustan estas acciones automáticas. Nos costará bastante descubrir cómo las adquirimos y más nos costará tratar de cambiarlas. Encaremos juntos algunos hechos.

Familias que no funcionan bien y la herencia que dejan

Es difícil presentar un modelo de familia perfecta porque no hay familias perfectas. Aun las mejores familias cometen errores. Yo crecí en un buen hogar, rodeado de amor, y siempre tuve el cuidado cariñoso de mis padres. Pero todavía me quedan recuerdos dolorosos de aquellos años. Algunos de estos recuerdos surgen como chispazos de aquellos años, porque era demasiado niño para almacenar grandes bloques de recuerdos. Por ejemplo recuerdo vívidamente un momento cuando mi madre me gritó mucho. Yo deseaba comer un plato de cereales. Mi mamá estaba muy ocupada, así que me senté en el piso de la cocina con el plato entre las rodillas y eché algo de leche en él. Cuando se dio cuenta de que su niño de dos años estaba haciendo eso, dio un terrible aullido y me dijo que parara. Me quitó la botella de leche y la metió en el refrigerador cerrándolo de un portazo. Quizás ella estaba con problemas en la cocina, o preocupada por la conducta de su anciano padre, el cual estaba causado tribulaciones a la familia. No lo sé. Ella nunca habló del incidente y ni de lo que estaba sucediendo en aquel momento. Todo lo que recuerdo es que me sentí horriblemente incomprendido y avergonzado. Hace poco estuve en esa misma cocina, que la han remodelado, y recordé el lugar preciso donde ocurrió aquel hecho, hace tantos años. Afortunadamente también puedo recordar, en el segundo o tercer año de mi vida, cuando la puerta trasera de la cocina se abría y entraban las brisas de la primavera y el trino de los pájaros. Nunca dudé del amor de mi madre. Cuando vivimos seguros de ese amor, podemos sufrir tales momentos y no conservar ninguna herida.

Otros tienen recuerdos mucho más penosos. La escritora Christine Herbruck en su libro *Breaking the Cycle of Child Abuse* (Rompiendo el ciclo del abuso de niños), cuenta el siguiente incidente: "Yo estaba haciendo galletitas de Navidad con mi madre... como ya tenía casi cinco años de edad, mi madre me permitía ayudarle, midiendo los ingredientes y revolviendo las mezclas. Recuerdo lo bien que olía la cocina, suave, dulce y tibia. Me sentía realmente bien... Mi madre me dijo que midiera una pinta de algo. No puedo recordar qué cosa, pero sí recuerdo la punzada que sentí en mi estómago. ¡No tenía la menor idea de lo que era una pinta! Quedé paralizada por cosa de un minuto, un minuto inmensamente largo. Presentí que iba a arruinar todo y que esto sería el fin de nuestro buen tiempo. Finalmente le dije a mamá que yo no sabía qué era una pinta. Nunca olvidaré lo que recibí por decir eso. Mi madre estaba parada delante de mí, con el rodillo de amasar en una mano y una bandeja de hornear en la otra. Primero me pegó con el palo, después con la bandeja y después con los dos juntos. Y chilló, aulló, ladró y rugió diciéndome estúpida, idiota, tonta, inútil, fea, imbécil y cuantas palabras más hay en el vocabulario de una mujer enojada. Quedé petrificada, como lo había supuesto había arruinado todo".[14]

La mujer que contó esto dice que cada vez que no sabe algo, se siente igual que como se sintió viendo a su madre con el rodillo y la bandeja en su mano.

Mucho se habla hoy de familias que funcionan mal. Una familia que no funciona bien es aquella que causa daño a sus miembros por las cosas que ocurren o no ocurren dentro de la familia misma. A veces es abuso rampante. A veces es la negación de lo que ordinariamente sería justo y apropiado. Basta la acción de un solo miembro de la familia para que toda la familia sufra.

A menudo es el alcohol el que hace este trabajo nefasto. Pero también puede ser el uso de drogas, padres que se pelean, divorcio, negligencia, abuso sexual, ataques verbales, o lesiones físicas. Quizás el padre o la madre está enfermo mentalmente o es absurdamente rígido en cuestiones religiosas. Una familia funciona mal siempre que los padres aterrorizan, ignoran, rechazan, aíslan o corrompen a sus hijos.

Por lo común el problema no se encara dentro de la familia.

Simplemente, se lo ignora. Los miembros de una familia donde hay un problema de alcoholismo, por lo general rehúyen el tema. La borrachera de la mamá se vuelve "secreto de familia". Esta conspiración de silencio, esta decisión tácita de no hablar del problema es mucho más destructiva de lo que parece. Es lo mismo que no decirle al médico que le duele el costado. Hasta que usted no admita el problema, rehuirá el tratamiento. Las familias tienden a considerar como tabú aquello que está dañando a todos los miembros.

Una de las grandes verdades de la vida es que somos tal cual vivimos, y así lo trasmitimos a nuestros hijos. Las familias que no funcionan bien, producen miembros que formarán el mismo tipo de familias. Hacemos lo que hemos aprendido. Si su padre lo insultó a usted, probablemente usted insultará a sus hijos. Esto es una maligna espiral. El individuo que surge de tal situación tendrá por delante mucho más trabajo que simplemente casarse y formar una familia. Es cuestión de escapar de la trampa, de romper un ciclo. La triste verdad es que de cada diez personas que fueron abusadas de chicos, siete de ellas abusarán de sus hijos. A menudo la hija de un alcohólico se casa con otro alcohólico.

La guía de las Escrituras

El Antiguo Testamento expresa el fenómeno de esta manera: "Jehová, tardo para la ira y grande en misericordia, que perdona la iniquidad y la rebelión, aunque de ningún modo tendrá por inocente al culpable; que visita la maldad de los padres sobre los hijos hasta los terceros y hasta los cuartos" (Numeros 14:18). Esta culpa heredada no significa que Dios nos hace responsables por los pecados de nuestros padres.

Como veremos en un momento, nosotros somos responsables por nuestros pecados, no por los de papá y mamá. Esto que se dice sobre "los terceros y los cuartos" que pagan el precio de la maldad de los padres, se dijo primeramente en los Diez Mandamientos y está citado en diferentes partes del Antiguo Testamento. En esencia es lo mismo que hemos estado diciendo: familias que se lastiman producen nuevas familias que también se lastiman.

La Biblia insiste en que los hijos necesitan la guía de sus padres. Sin esta guía caeríamos en toda clase de errores y malos hechos. "La vara y la corrección dan sabiduría, mas el muchacho consentido avergonzará a su madre" (Proverbios 29:15).

En el libro de Ezequiel se menciona un refrán que circulaba en aquellos tiempos: "He aquí, todo el que usa de refranes te aplicará a ti el refrán que dice: "Cual la madre, tal la hija". Hija, eres tú de tu madre, que desechó a su marido y a sus hijos; y hermana eres tú de tus hermanas, que desecharon a sus maridos y a sus hijos..."(Ezequiel 16:44-45).

El profeta Jeremías nos habla más positivamente acerca de la influencia que ejerce la familia. Hablando en nombre de Dios dice:

Y les daré un corazón, y un camino, para que me teman perpetuamente, para que tengan bien ellos, y sus hijos después de ellos.

Jeremías 32:39

Pero el versículo más conocido de toda esta serie puede hallarse en el libro de Proverbios:

Instruye al niño en su camino, y aun cuando fuere viejo no se apartará de él.

Proverbios 22:6

Aquí tenemos una importante lección para que la apliquemos ahora mismo a nuestra necesidad presente. La Biblia nos asegura que la influencia del hogar y la familia es fuerte, tanto en lo bueno como en lo malo. Pero no es ineludible. Todavía conservamos nuestra libertad de elegir y somos responsables por nosotros mismos y nuestra conducta. La Biblia no nos permite echarle la culpa de nuestras acciones a nuestra familia. "En aquellos días no dirán más: Los padres comieron las uvas agrias y los dientes de los hijos tienen la dentera, sino que cada cual morirá por su propia maldad; los dientes de todo hombre que come las uvas agrias tendrán la dentera" (Jeremías 31:29-30).

Algunos de nosotros a pesar de haber tenido un difícil comienzo hemos llegado a ser creativos, productivos y modelo de ciudadanos. El resto de nosotros puede armarse de valor con la enseñanza de la Escritura. No importa cuán destrozado pueda estar, Dios puede arreglarle. El corazón del mensaje cristiano dice que todos podemos nacer otra vez. Cristo puede cambiarnos. No tenemos que permanecer como somos.

Es en este espíritu que el Nuevo Testamento nos dice:

Y vosotros, padres, no provoquéis a ira a vuestros hijos, sino criadlos en disciplina y amonestación del Señor.

Efesios 6:4

Jesús dijo: "Sed, pues, misericordiosos, como también vuestro Padre es misericordiosos" (Lucas 6:36).

Reconociendo un problema

Por naturaleza aceptamos las cosas tal como nos las dieron cuando éramos chicos. A menos que nos cambien de lugares, y nos expongan a costumbres diferentes, nunca nos imaginaremos que la vida puede ser diferente.

Yo crecí en los húmedos pantanos de la costa atlántica de los Estados Unidos. Siempre pensé que el tórrido calor de los veranos, y las nubes de mosquitos eran cosa "normal". En un mes de agosto, cuando tenía como doce años, pasé una semana en casa de unos amigos en las montañas de Carolina del Norte. Nunca olvidaré la deliciosa sensación de respirar a pleno pulmón el aire frío, limpio y puro de las montañas. Y pensé seriamente en este asunto: ¿Por qué hay gente que le gusta vivir en la zona húmeda de la costa, pudiendo vivir en las maravillosas montañas y respirar un aire como este?

Nosotros consideramos normal cualquier contexto donde hemos nacido. Si nuestra mamá trae un nuevo hombre cada noche a casa, eso nos parece normal. Si papá se emborracha cada fin de semana, eso lo consideramos normal. Si cada mañana tengo que preparar el desayuno para mi hermanita, porque siempre estamos solos, eso lo considero normal. Si mis padres se pelean, eso es normal. Cuando esas son las únicas cosas que conocemos, no nos parecen tan peculiares como a aquel que conoce otro tipo de vida. El amiguito de uno de nuestros hijos pasó unos días con nosotros en casa y luego dijo con asombro: "¡Tus padres nunca se gritan el uno al otro!"

Se necesita experimentar alguna crisis para que las parejas reaccionen y vean que las cosas no andan del todo bien. Un matrimonio puede desmoronarse, alguien caer gravemente enfermo o sufrir un serio accidente. La conciencia despierta de pronto. "Las cosas no andan bien. Nunca han andado bien. Esta no es la correcta manera de vivir. ¡Estamos en problemas!"

Puede ser que esta crisis nunca le ocurra. Mientras lee estas páginas se estará preguntando si realmente es el producto de una familia que funcionó mal, o simplemente un chico cuyos buenos padres a veces perdían el control de sí mismos. Usted puede hallar la respuesta conociendo cuáles son las cualidades típicas de una familia que no funciona bien.

Las familias normales disfrutan cuando pasan todo el tiempo juntas. Cada uno respeta al otro. Les gusta contar cuentos y reír sanamente todos juntos. Cada miembro de la familia se interesa real y bondadosamente por lo que le ocurre al otro miembro de la familia. La familia que no funciona bien se mantiene unida sólo por reglas estrictas. Cada miembro sabe lo que se espera de él. La rigidez es suprema. "Por supuesto, tú iras a casa de la abuela en la Navidad. Siempre visitamos a la abuela en Navidad". ¡No hay otra alternativa! Ni aun para una alternativa mejor, o haces lo correcto o haces lo incorrecto. No hay flexibilidad.

Un serio problema que existe en las familias que funcionan mal es que siempre están cambiando las reglas. La vida es caótica e impredecible. Lo que nos trae críticas acerbas un día, nos trae alabanzas al día siguiente. Los chicos quedan pasmados y confusos cuando, lo que creen que es buen comportamiento les trae problemas. Quedan atribulados cuando haciendo algo que suponen está bien, les trae reprimenda y castigo. "Si no toco mis discos, mamá no se va a agarrar una de sus rabietas". El chico no toca sus discos y la mamá se agarra una rabieta de todos modos. "Si soy un buen chico y me porto bien, papá no se va a emborrachar este fin de semana y no va a tirar cosas contra las paredes". Pero el padre se emborracha de todos modos y su violencia es terrible. El chico trata de hacer lo que es bueno, pero se equivoca continuamente y sólo sufre la desilusión.

Las adicciones de toda clase son comunes en las familias que funcionan mal. Cuando somos castigados por tratar de ser nosotros mismos, no crecemos para llegar a ser nosotros mismos. Y como no somos felices por no ser nosotros mismos, buscamos otras maneras de llegar a ser alguien. Aquí es cuando entramos en algún tipo de conducta compulsiva. Trabajamos demasiado, bebemos demasiado, comemos demasiado, jugamos demasiado, hablamos demasiado, buscamos sexo demasiado. Un adicto no está nunca satisfecho. Las familias que funcionan mal no son la única causa de adicciones malsanas, pero aquí tiene otra pista que puede seguir.

Es posible que a usted se le eche la culpa por todos los problemas de la familia. Esta es una pesada carga. Muchos que crecen en familias que funcionan mal, aceptan la culpa, acusándose a sí mismos por el hecho de que mamá no pudo retener sus varios maridos.

Esta clase de culpa heredada es particularmente profunda cuando uno ha sido abusado sexualmente cuando chico. Es posible sentirse más un participante que una víctima. Otros podrán comprender que un acto criminal se produjo sin control de la víctima, pero la víctima misma no lo siente así.

Quebrando la cadena del mal funcionamiento

Una de las cosas buenas del crecimiento es que uno puede empezar a ver a sus padres bajo una nueva luz. Puede imaginar, por ejemplo, cómo se conocieron y comenzaron a salir juntos. Ellos parecen ser personas mucho más profundas y con muchas más facetas de lo que usted percibía cuando era niño. Incluso es posible que ellos atiendan sus asuntos y usted atiende a los suyos.

Lo que usted necesita es escapar a esta codependencia. Vendrá el tiempo cuando les dirá que usted ya no es más responsable por sus complejos personales y la destructiva conducta de ellos. Usted no ha nacido para resolver los problemas de ellos. Es posible vivir una vida plena sin su bendición.

Esto se aplica también a sus reglamentos si usted tiene alguien que insiste en hacer un embrollo de su vida. Por otro lado, hay también otra cantidad de barreras emocionales que a veces impiden aceptar el perdón de Dios. Estas barreras van de recuerdos regañones hasta deudas sin pagar. Ya que muchos de estos obstáculos implican a otras personas, echaremos una fresca mirada a algunas muy viejas, pero genuinamente positivas ideas en la siguiente sección.

El amor no hace mal al prójimo; así que el cumplimiento de la ley es el amor.

Romanos 13:10

ALGO EN QUE PENSAR

☐ Trate de imaginar sobre lo que le hubiera gustado tener en su familia. ¿Qué era lo que usted necesitaba? ¿Puede usted formar en su mente la idea de un "hogar cristiano"?

CUARTA PARTE

Caminos hacia la reconciliación

7
La cosa es entre usted y otros

El que perdona termina la pelea

Proverbio africano

Un conflicto no resuelto impide la sanidad permanente de su conciencia herida. Usted no puede esperar sentir perfectamente el perdón de Dios, hasta que no haya solucionado, de la mejor forma posible, cualquier daño que le haya hecho a otros.

Jesús fue explícito acerca de esto: "Por tanto, si traes tu ofrenda al altar, y allí te acuerdas de que tu hermano tiene algo contra ti, deja allí tu ofrenda delante del altar, y anda, reconcíliate primero con tu hermano, y entonces ven y presenta tu ofrenda" (Mateo 5:23-24).

Con estas claras y bien comprensibles palabras, Jesús expuso uno de los pasos más importantes en el camino a perdonarse a sí mismo. No hay manera de darle otra interpretación. El daño que usted hizo y quedó inadvertido, oculto y sin reparar, actuará lo mismo que un torniquete: restringirá el fluir de la gracia perdonadora y el amor de Dios hacia usted.

No hay razón suficiente para evitar la evidencia de lo que usted ha hecho. Por el contrario, lo opuesto es lo verdadero. Hacerle frente a la realidad y hacer lo que se debe hacer para reparar el daño que usted ha causado, es esencial. Sin dar este paso usted no puede recibir ayuda. El grupo de los Alcohólicos Anónimos pone fuerte énfasis en este asunto. Es un charco de agua sucia que usted no puede evadir.

Es necesario "hacer" una lista de todas las personas a las que hemos hecho daño, y sentimos el deseo de reparar el daño... no podremos rehacer el presente hasta que no hayamos limpiado el pasado".[15]

La adoración activa la conciencia. Cuando nos recordamos de Dios, también nos recordamos simultáneamente de nuestras faltas. A pesar del amor y compasión de Jesús, El sigue siendo Dios. Y si de pronto se para al lado mío, sin duda alguna me sentiría indigno. Igual que Simón Pedro podría decir: "¡Apártate de mí, Señor, porque soy hombre pecador!" (Lucas 5:8). Y este puede ser nuestro punto de partida para caminar con El. El perdón viene inmediatamente después.

Ser solamente "religiosos" no nos da base para perdonarnos a nosotros mismos. Nos allegamos a Dios para librarnos del pecado, no para enmascararlo. Jesús no tiene interés en ser un maquillista espiritual. El se llamo a sí mismo médico. El desea sanarnos espiritualmente.

Haciendo las cosas correctas

Llegado este punto en nuestro proceso de sanidad, debemos cooperar con Dios. No hay manera de esquivar nuestra responsabilidad con el simple hecho de ir a la iglesia. Si hemos robado algo, debemos devolverlo. Si hemos hablado con acritud y desconsideradamente, debemos pedir perdón. Si hemos sido negligentes con un hijo, debemos poner todo el empeño en ser un buen padre.

Una vez recibí una llamada de larga distancia de un hombre que había sido mi vecino muchos años atrás. A mí me gusta hacer trabajos de carpintería para entretenerme y le había comprado a este vecino una sierra de motor bastante buena. Me acordé del hombre y todavía tengo en mi poder la sierra, pero realmente no podía recordar ninguna de las cosas que el hombre me dijo por teléfono.

"Me siento realmente mal por lo que hice —dijo mi ex vecino— yo le ofrecí a usted la sierra en un precio y cuando usted vino a comprarla le subí el precio".

"Yo no recuerdo eso" —le aseguré.

"Usted me dijo que no tenía mucho dinero, y que tenía que ahorrar un poco para poder comprar la sierra".

"Eso se parece a la historia de mi vida" —repliqué.

"Yo retuve la sierra hasta que usted vino más tarde a pagarme el precio elevado".

Le dije que cualquiera que haya sido el precio que pagué por la sierra, me pareció justo y bueno, porque si no, no la hubiera comprado. Todavía guardo la sierra como una valiosa herramienta entre mis equipos, y nunca he pensado que pagué mucho por ella.

"Pero yo me siento mal por ello —su voz temblaba un poco al decirlo— y quiero mandarle por correo la diferencia".

"No —insistí yo—. No tengo idea de cuánto era la diferencia y no deseo recordarlo. Me siento feliz con la compra". Si usted me sacó algunos pesos de más es falla mía, no suya.

El continuó insistiendo. Finalmente le dije que esta llamada telefónica era devolución suficiente. Era algo bello y ejemplar lo que él había hecho. Yo había olvidado el incidente al día siguiente de ocurrido y era tiempo que él lo olvidase también. Así terminó la cosa y quedamos como buenos amigos.

Me gustaría conocer el resto de la historia. ¿Qué movió a este hombre, después de tantos años, a hacer restitución de un dinero que nunca nadie le reclamó? La conducta de mi ex vecino es un indicio claro de buena salud espiritual. Me recordó a Zaqueo. Después que Jesús entró a cenar con este recaudador de impuestos de Jericó, Zaqueo dijo: "He aquí, Señor, la mitad de mis bienes doy a los pobres; y si en algo he defraudado a alguno, se lo devuelvo cuadruplicado. Jesús le dijo: "Hoy ha venido la salvación a esta casa, por cuanto él también es hijo de Abraham" (Lucas 19:8-9).

El nombre formal de esta acción es *restitución*. Restituir es devolver algo a su legítimo dueño o compensar de algún modo una pérdida que no puede ser recuperada. En otras palabras, esforzarnos todo lo posible para hacer las cosas bien de nuevo.

Otro término que la iglesia ha usado muchas veces es *penitencia*. Es una buena palabra para guardarla en nuestro vocabulario, pero también está propensa a distorsión. Puede ir más allá de una simple devolución o aun una generosidad entusiasta y convertirse en un acto de autohumillación, con el ánimo de hacer pagar a alguien el precio del pecado. No olvidemos nunca que Cristo ya sufrió la penitencia por todos y que ha pagado todas, absolutamente todas, nuestras deudas. Cristo no desea verlo a usted ni mortificado ni humillado.

Pero asimismo hacer restitución del mal hecho es una admisión de responsabilidad. Usted comparte el costo de su pecado. El hacer todo lo que esté de su parte para enmendar el mal hecho, no sólo le produce grande alivio, sino que lo libra de volver a cometer el mismo hecho otra vez.

Sugerencias que pueden ser de ayuda

Usted ha sido incapaz de perdonarse a sí mismo. Usted se siente culpable porque sabe que ha hecho algo malo. Otras personas pueden animarlo y no acusarlo de nada. Pero usted sigue acusándose a sí mismo. Está seguro de que su acción es una ofensa contra Dios. Usted lo ha admitido francamente, y cree que Dios ya lo ha perdonado. Ahora usted desea enmendar lo hecho. Usted desea arreglar lo que antes desarregló, y tratará de ser mejor mañana. ¿Qué puede hacer usted? ¿Qué formas son válidas para "hacer la restitución" o "hacer penitencia" en estos tiempos modernos?

Aunque mucho depende de la convicción religiosa que usted tiene, no dudo que estas simples sugerencias presentadas aquí serán compatibles con su propia fe.

Una llamada telefónica. Ya le he indicado cómo hacer llamadas telefónicas. El teléfono es un instrumento asombroso.

Puede unir a gentes que están separadas por inmensas distancias a un costo extraordinariamente bajo. Con la tecnología de los satélites a su disposición, usted puede llamar a otra persona que está en otro hemisferio, y decirle con calma: "Lo siento". Sus sentimientos, mientras habla, tomarán una dirección de amabilidad y concordia, que desarmará al otro que está escuchando. Hay muy poca gente que rechaza un pedido de disculpa. Usted quedará asombrado de la manera fácil y rápida que una llaga puede ser sanada.

Si la otra persona responde positivamente o no, es asunto de ella. Usted ya ha hecho lo suyo. Llame, pues, a esa otra persona hoy mismo. Dígale que siente mucho lo sucedido y que está decidido a hacer cuanto esté de su parte para dejar las cosas como antes.

Una carta. Muchas veces escribir una carta resulta mejor que una llamada telefónica. La belleza de una carta es que no fuerza a la otra persona a responder inmediatamente. Si la otra persona está realmente de punta con usted, puede producirse un intercambio de cartas que hará mucho más mal que bien. Una respuesta emocional como esa es casi incontrolable si el problema es muy grave y puede que no logre avanzar ni un paso. Una carta le da la oportunidad de expresarse. La reacción del que la recibe puede ser hostil al principio pero después de un tiempo de reflexión sobre su aparente sinceridad, se suaviza la situación.

El escribir elegantes cartas literarias es un arte perdido. ¡Y esto es algo bueno! Usted no desea enviar algo que parezca fantasioso o retórico. Sea bien honesto. Dígale a la otra persona que usted sufre por haberlo hecho sufrir a él. No se necesitan dos páginas para decir "lo siento".

Un regalo. ¡He aquí un medio excelente de hacer penitencia indirecta! Muchos chistes se han hecho con el tema del agente de negocios que vuelve a casa trayendo un regalo para la señora comprado en el aeropuerto. Y también es lindo un pequeño regalo hecho como ofrenda de paz. Puede abrir el camino para una conversación provechosa. El regalo es como un símbolo silencioso. No se exceda ni tampoco se quede corto. Haga algo bien significativo. Si el regalo tiene alguna conexión (seria o humorística) con el problema, tanto mejor.

Una visita. Pocas cosas son tan efectivas como una visita para pedir perdón. Si para hacer esa visita tiene que atravesar el país o simplemente cruzar la calle, eso no importa mucho. Lo más importante de la visita es estar frente a frente con la otra persona y expresarse usted mismo. Si la otra persona se muestra hostil e iracunda no pierda su compostura. Dígale que usted siente lo ocurrido y desea de alguna manera reparar el daño. Si el otro rechaza su oferta y lo echa de la casa, bueno, por lo menos usted ha hecho lo que ha podido. Su expresión de acercamiento seguirá probablemente un largo camino hacia la reconciliación y la restauración de la armonía, aunque las relaciones permanezcan tirantes por algún tiempo.

Es prudente que usted le haga una llamada telefónica a la persona antes de visitarla. Si usted encuentra a la otra persona en un momento inoportuno e inconveniente eso añadirá más dificultades a los problemas. Asegúrese que será bien recibido antes de llamar a la puerta.

Una oración. Quizás las circunstancias de su caso no se prestan para ninguna de las sugerencias dadas arriba. Quizás usted no sabe dónde hallar a la persona, o puede que haya pasado mucho tiempo desde el problema y usted ha perdido la relación con las personas involucradas y que le tienen tan afligido y cargado de culpa. Usted entonces no puede hacer una oración por ellos. La oración no conoce límites de tiempo o espacio y puede sostenerle en sus brazos de fortaleza y sanidad, en cualquier parte donde usted esté. Pídale a Dios que lo ayude solucionar todo el problema. Pídale al Señor bendiciones para ellos al mismo tiempo que pide perdón para usted.

Por supuesto, también hay otras maneras de hacer lo mismo. Algunas de ellas son sumamente directas y al punto... (¿Robó usted una gallina? ¡Devuelva dos gallinas!). Otros medios son más sutiles e indirectos. (¿Abusó usted de un niño diez años atrás? ¡Mándelo a la universidad hoy!). Por otro lado, todas estas cosas pueden hacerse en combinación (ore, llame por teléfono, dé un regalo, haga una visita, ¡siga orando más!).

Lo que estoy tratando de hacer es estimular su propia imaginación. No hay reglas rápidas para tratar estos asuntos. Y no deje que nadie se las imponga. No hay ningún libro digno de leerse, que ofrezca una lista de penitencias para quitar cualquier pecado. Los fariseos de este mundo han estado escribiendo libros de esta naturaleza durante siglos. Pero los sentimientos del corazón y las relaciones humanas no pueden ser tratados como si se tratara de un automóvil que requiere servicio mecánico. Usted es el único que sabe qué es lo mejor y lo más apropiado. Lo importante es comprender que se debe hacer algo. Usted tiene la responsabilidad de enderezar cualquier cosa que esté torcida entre usted y otras personas.

Quítense de vosotros toda amargura, enojo, ira, gritería y maledicencia, y toda malicia. Antes, sed benignos unos con otros, misericordiosos perdonándoos unos a otros, como Dios también os perdonó a vosotros en Cristo.

Efesios 4:31-32

ALGO EN QUE PENSAR

☐ Recuerde algún conflicto grave que tuvo en el pasado, que ya está resuelto. ¿Cómo logró la reconciliación?

☐ Recuerde algún conflicto en su vida que no ha sido resuelto todavía. ¿Por qué no ha ocurrido esa reconciliación?

8
Perdonándose usted mismo

En la esfera del perdón, muchos se están dando la mano mientras sostienen un garrote en la otra.

**Lem Hubard,
The Chicago Tribune**

Usted está frente a una bifurcación en el camino. Debe decidir, qué camino tomar. Le dará la espalda a un camino y continuará por el otro. La decisión será suya, y tiene que hacerla. No puede volver atrás.

En un capítulo anterior dijimos cómo la confesión nos alivia de muchos recuerdos penosos. Desafortunadamente este mecanismo psicológico es altamente selectivo. Muy a menudo usted queda con muchas preguntas acerca de todo. El paso final en el arte de perdonarse usted mismo, es canalizar todas esas dolorosas memorias hacia Dios. Seguir condenándose y castigándose no es la respuesta. Volver vez tras vez al pasado, con melancolía y tristeza no es nada productivo.

En China el *Hsiao Ching* nos enseña cómo tratar el dolor cuando se ha producido la muerte de uno de los padres. El perdón de uno mismo, es en muchas formas, una situación similar al proceso de duelo.

Cuando está de luto, un hijo llora sin gemidos... Habla sin retóricos floreos; se siente incómodo aunque vista finas ropas; no siente placer escuchando música; no disfruta el alimento. Todo esto lo hace durante el duelo. Después de tres días rompe su ayuno para mostrar a los hombres que la muerte no daña a los vivientes, y la desfiguración no conduce a la destrucción de la vida. Esta es la ley de los sabios.[16]

El remordimiento es, al mismo tiempo, saludable y dañino. Si apenarse por su comportamiento aumenta su deseo de vivir una vida más ordenada, gracias a Dios por las penas y dolores. Pero si usted empieza a sentirse demasiado abatido, ¡cuidado! Si ya no puede hallar consuelo en nada ni en nadie, si no tiene ninguna esperanza del mañana y llega ser un abandonado en su trabajo y recreación, entonces su preocupación por ese pecado no es más su sirviente sino que usted se convierte en un esclavo de él.

La felicidad de usted y de muchos otros, depende de la elección que haga en este punto. La única ayuda que puedo ofrecerle es de índole religiosa. Creo que el perdonarse a usted mismo es un problema teológico. Puede ser que usted no se considere una persona particularmente religiosa. Quizás usted va a la iglesia sólo en Navidad y Resurrección o cuando asiste a una boda o funeral. Puede ser que su mente esté demasiado ocupada en negocios y deportes como para perder tiempo en meditación y contemplación divina.

Mi amigo, usted necesita a Dios. Si usted me ha seguido hasta este momento, no vuelva atrás justo ahora. Le prometo que voy a mantener mis pies bien plantados en tierra. No soy un fabricante de creyentes. No practico señales y maravillas. No hago juegos de palabras. No pretendo nada, sino que usted entre honestamente en una saludable relación con Dios.

Le recuerdo una vez más: no se eche atrás ahora. Todo el contenido de los capítulos anteriores que usted ha leído es una preparación para este paso final. Si ha llegado hasta aquí leyendo al azar, vuelva atrás y relea lo anterior.

Pasos positivos para la recuperación

Las sugerencias que siguen son simples, pero usted quizás no las halla fáciles. Piense en ellas mientras lee. Vaya despacio. Reflexione sobre cada idea. Al final de cada sugerencia está escrita una breve oración que es como una carta dirigida a Dios. Trate de orar al mismo tiempo que lee. Esas palabras pueden llegar a ser su oración, mientras reflexiona sobre cada posibilidad. Si este libro es posesión suya, tome tiempo para escribir sus respuestas en cada espacio en blanco. Si teme que alguien pueda leer lo que usted escribe confidencialmente, entonces escriba en un código personal secreto de su invención. Ponga sólo iniciales, o una palabra clave que sumariza lo que usted está pensando.

1. *Dé gracias a Dios por el dolor.* ¿Sus sentimientos de culpa han aumentado su sensibilidad hacia otros? ¿Está usted más consciente de Dios que antes? ¿Se ha enfrentado con usted mismo en una manera nueva? ¡Maravilloso! Todas esas son buenas cosas. Esta es su oportunidad para dejar de levantar falsos muros. Ahora usted puede sentir un poco más de simpatía hacia otras almas que sufren. Lo mejor de todo, usted está consciente de su imperfección. A causa de sus penosos recuerdos usted no puede estar contento con sólo trabajar de aquí en adelante. El arado de Dios ha surcado su jardín. Déle gracias por ello.

Querido Dios:

No es fácil dar gracias por la manera en que me he estado sintiendo. Tú sabes cuán bajo me he sentido. Ayúdame ahora a usar este tiempo difícil de mi vida como un trampolín para algo mejor.

Aquí está la lista de todas las personas a las que recuerdo haber herido y lastimado:

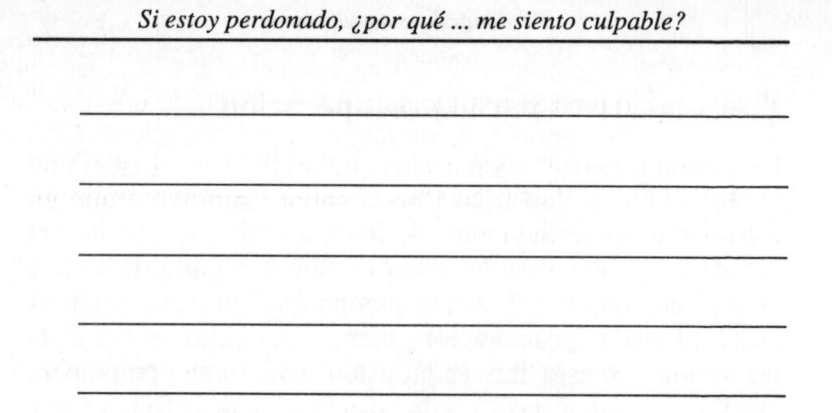

2. Determine si la culpa que siente es auténtica o falsa. Hágale frente a la cosa. Cuando nos ponemos normas poco realistas en esta materia nos causamos gran daño. Si usted exagera la cosa más allá de las proporciones razonables, su culpa se volverá neurosis. Una culpa falsa es generada por la imaginación. No hay que hacer una montaña de un montoncito de tierra. A veces un ligero *faux pas* ("paso en falso") social llega se infla más allá de su verdadera trascendencia. Los padres (benditos sean) son expertos en esto de crear culpas exageradas.

Ya he castigado a los ministros religiosos irresponsables. Permítanme agregar a la lista algunos maestros de notoriedad. Los amigos nos suelen poner normas artificiales en cuanto a vestimenta y conducta. Las cosas con las cuales lo han hecho a usted sentir mal, suelen ser nada más que cosas sin importancia. No le permita a nadie, sino a Dios, ser el árbitro de su conciencia.

Cuando hacemos algo realmente malo nos ataca una culpa auténtica. Es el precio que tenemos que pagar por ser humanos. Usted reconoce su culpabilidad sin evasión. De esta clase de culpa Cristo puede librarnos.

> Ayúdame a poner las cosas en orden, oh Dios. Hay tantas reglas y mandamientos que no entiendo nada. Ya no confío más en mi conciencia. A veces permanece silenciosa cuando hago algo terrible. Otras veces me

acusa sin piedad cuando sólo me he divertido un poco.
_____ Haciendo una marca en este espacio blanco prometo familiarizarme más con las normas que tú nos has dado en la Biblia. Deseo saber claramente qué es malo y qué es bueno ante tus ojos.

3. *Sienta pena por aquello por lo cual debe sentirla.* El pecado que la gente lamenta más es aquel en el cual fue sorprendido. Engañar es malo; pero confesar el engaño es peor.

Ana, mi esposa, recibió una vez una llamada telefónica de una persona extraña. Era una mujer, tan furiosa, que se le cortaba la respiración. "Deseo darle las gracias a su marido por haberme metido en tal problema", dijo iracunda.

Ana no sabía qué decirle. Carraspeó un poco y preguntó, "¿qué?"

"El me denunció al guardabosque. ¡Y me pusieron una multa por pescar truchas!"

Como yo no estaba en casa Ana tuvo que tratar a la mujer de la mejor manera que pudo. Sólo le dijo que ella nada había oído de mí en cuanto a ese asunto.

"¡Pues bien, él lo hizo! ¡Y él es un predicador!"

Ana me contó el caso cuando regresé y como la mujer parecía tan brava y amenazante, decidí ir a hablar con el guardabosque. El hombre me dijo que varias personas habían recibido una citación de la ciudad por pescar en el estanque antes de iniciarse la temporada de pesca. Ambos estuvimos de acuerdo en que yo no tenía nada que ver con la furia de la mujer. Yo mismo no había visto una sola trucha en el estanque esa temporada.

La cosa permaneció en el misterio por casi un año. Entonces, en una comida fraternal que tuvimos varias personas en una iglesia vecina, oí a un pastor contar una interesante historia. Dijo que meses atrás estaba visitando a un miembro de su congregación, quien vivía cerca del arroyo de las truchas. En eso vio, en un recipiente municipal de basura, un brillante pescado atado a un cordelito. Alabó su buena suerte y levantó el pescado. Para su sorpresa había tres hermosas truchas también atadas al cordel, todavía saltando. Entonces vio al guardabosque que le estaba preguntando a una mujer si esas truchas eran suyas. Ella dijo que sí y entonces le extendió una multa. El pastor pensó que esta era una historia sumamente chistosa. Y yo empecé a comprender lo que son los sufrimientos vicarios.

Apenarse mucho cuando uno es sorprendido en alguna falta no es de tanta ayuda como cuando uno se apena por haber hecho una mala decisión.

> Tú eres mi amigo, oh Dios. Tú sabes que es más terrible para mí lamentar ser descubierto, que hacer algo malo. Tú estabas allí cuando robé algo, mentí un poco, falsifiqué un informe, quebré algunas leyes, o hice algo que ahora lamento.
>
> Recuerdo todas esas cosas en los siguientes renglones:

_____

_____

_____

_____

_____

4. *Sea abierto y receptivo*. Cristo llamó al Espíritu Santo "el Consolador" (Juan 14:26). Un título bien interesante. La palabra griega original es *paracleto*. Literalmente significa "uno que es llamado para estar al lado". Puede ser traducida como "consejero" o "ayudante". Si usted coopera con el Espíritu de Dios llegará a conocerse a sí mismo mucho mejor.

Cuando el daño producido le sea revelado, usted dará un gran paso hacia la madurez espiritual.

Una mujer insultó a su pastor por haber empleado la palabra "alcohólico" en el púlpito. Un hombre se puso fuera de sí sólo por ver a un niño de cuatro años golpear a otro en el pecho. No necesitamos ser psicólogos famosos para comprender el principio envuelto en estos ejemplos. Es casi imposible, sin embargo, ser objetivos cuando se trata de comprenderse a sí mismo. Si somos abiertos y receptivos el Espíritu Santo nos revelará aquello que está escondido.

Oh Señor, no estoy bien familiarizado todavía con las cosas espirituales. No estoy seguro de lo que se me está pidiendo. Hay algunos aspectos de todo esto que me preocupan mucho:

_____

_____

_____

_____

_____

Al mismo tiempo, comprendo también el potencial de cosas buenas que podrían venir a mi vida con tu Espíritu. Ayúdame ahora a abrir las puertas de mi ser a tu santa presencia.

Marque cada cosa debajo según sea capaz de orar por ella sinceramente.

_____ Abro la puerta de la duda.

_____ Abro la puerta de la vacilación.

_____ Abro la puerta del aislamiento.

_____ Abro la puerta de la autosuficiencia.

_____ Abro la puerta del remordimiento.

_____ Abro la puerta de los celos.

_____ Abro la puerta de la vergüenza.

_____ Ven, Espíritu Santo, habita dentro de mí.

5. *Mire la ofensa junto con Cristo*. Ahora estamos llegando a la cima. Usted puede pensar que no hay aquí suficiente oxígeno para respirar. No se vuelva atrás. Recuerde, prometió conservar los pies sobre la tierra.

Lo que le estoy recomendando es que usted "regrese a la escena del crimen" y que lleve a Cristo con usted. Imagínese que es un chico que toma la mano de un adulto para caminar en la oscuridad. Hay algo allí que usted no desea ver. Pero examine la cosa en la brillante luz de la presencia de Cristo. Deje que Cristo le muestre lo que hay de bueno en ello. Note que El no se ha puesto histérico. No es un crítico y escrupuloso. No le pega en la cabeza con una Biblia y le pregunta por qué no hizo algo mejor. El pone su brazo sobre usted. Sí, es cierto, usted hizo un embrollo tremendo. ¿Pero cómo puede ser usado como una ayuda para usted? Los hermanos de José, llenos de celos y envidia, lo vendieron como esclavo para Egipto. Más tarde, cuando su presencia en Egipto significó abundancia de alimento para toda su familia que estaba pasando hambre pudo decirles: "Vosotros pensasteis mal contra mí, mas Dios lo encaminó a bien, para hacer lo que vemos hoy, para mantener en vida a mucho pueblo" (Génesis 50:20).

¿Ha visto usted las fotografías del papa Juan Pablo II visitando en la cárcel a Mehmet Ali Agca? Agca fue el hombre que intentó asesinar al papa. Se juntaron en la celda, el casi asesino y el casi asesinado. La conversación fue privada. Podemos estar seguros que ellos discutieron el mismo problema que nos preocupa a nosotros. En esa conversación podemos ver a Cristo trabajando. Sin duda ninguna tome a Cristo en su mente y llévelo a la "escena del crimen". Deje que El vea todo y oiga todo.

Señor, si yo hubiera vivido en Galilea en el tiempo cuando caminabas por la tierra, ¿hubiera deseado estar cerca de ti? ¿Hubiera sido atraído a ti, como fueron atraídas tantas otras gentes? Si yo me hubiera enfrascado en una larga conversación contigo, ¿me hubieras hecho sentir incómodo o bienvenido? Estoy seguro de que tú me habrías visto enseguida tal cual soy. Hubieras conocido en un instante el fondo de mi corazón. ¿Me habría eso asustado, Señor? ¿Me hubiera puesto nervioso cuando conversaba contigo?

Cuando leo los Evangelios veo a todos esos fariseos que se justifican a sí mismos, los hipócritas sintiéndose incómodos cuando tú estabas con ellos. Tú fuiste amistoso y amable con pecadores como yo. Ayúdame a comprender que nada ha cambiado y que las cosas son como antes. Déjame sentir tu brazo sobre mi hombro. Regresa conmigo al momento cuando cosas como estas sucedan.

¿Qué es lo que ves, Jesús? ¿Hay algo que he olvidado? ¿Hay alguna esperanza para mí? Voy a hacer una pausa ahora y voy a mirar todo este embrollo junto contigo. Estemos junto aquí por un momento...

_____

_____

_____

_____

_____

6. *Reemplace el remordimiento con el amor.* Una parte de su incapacidad para perdonarse a sí mismo es nada más que ira y resentimiento contra otros. Hasta puede ser que está tratando de herir a otro hiriéndose usted mismo. Pídale a Dios que lo ayude a librarse de pensamientos negativos. El puede reemplazarlos con algo mucho más constructivo, amor: Amor por otros. Amor por Dios. Amor por usted mismo.

No es un secreto para ti, oh Dios. Tú sabes cómo yo siento. Tú conoces la verdad detrás de mi actitud de este momento. Llévame a conocerme a mí mismo. ¿Qué es verdaderamente lo que deseo obtener por sentirme tal cual me siento en este momento? ¿Por qué estimo tanto tales pensamientos? ¿Cómo puede algo tan amargo puede ser un consuelo para mí?

Ayúdame a amar a _____

y a _____

y a _____

No será cosa fácil para mí. Realmente necesito tu ayuda. Haz que lo logre, Señor.

7. *Cambie su vida.* Cuando usted haga nuevas decisiones recuerde que perdonarse a sí mismo no es una acción sola y única. Requiere un cambio continuado en sus acciones. Golpearse a sí mismo no es más que un intento de suprimir la autodisciplina y el servicio a otros. El Cristo que sin duda ninguna perdona a todo pecador, nunca les dice a los perdonados que pueden seguir pecando. Cuando habló con la mujer sorprendida en adulterio, le preguntó: "Mujer, ¿dónde están los que te acusaban? ¿Ninguno te condenó? Ella dijo: Ninguno, Señor. Entonces Jesús le dijo: Ni yo te condeno; vete y no peques más" (Juan 8:10-11).

Usted debe vivir su perdón cada día. Mientras usted continúe tropezando contra la misma piedra conocida, nunca se sentirá conforme consigo mismo. Melvin Konner, ha señalado que cada ser humano tiene ciertas fuerzas biológicas que mueven su espíritu. Hacemos muchas cosas porque estamos programados para ellas genéticamente, desde la ira, la glotonería y la lujuria.[17] Pero yo he visto muchas vidas cambiadas y transformadas, como para considerar que no existe esperanza. Todos podemos cambiar nuestras acciones. Nunca es tarde para empezar de nuevo.

Si yo pudiera mencionar una cosa para nunca más volverla a hacer, esa sería:

_____

_____

_____

_____

Este comportamiento Señor, es una tremenda carga para mí y para otros. Dame poder para que pueda ponerle fin. No deseo repetirla jamás.

Por supuesto, no soy persona de una sola falta. Estas otras faltas también me molestan y me siento mal conmigo:

_____

_____

_____

_____

_____

Permíteme empezar de nuevo. Desde este momento en adelante déjame ser una persona transformada. No me dejes que ande y ande, dando vueltas por ese viejo camino.

8. *Siga su propio discernimiento.* En este punto usted puede haber pensado algo que podría ayudar. Si hace una pausa de un día o una hora puede que se vaya de usted. ¡Capitalízelo! ¿Hay algún detalle específico que necesita la aplicación de su tiempo y energía? Si es así, agárrelo. Hoy es mejor que mañana.

En la presencia de Dios, sabiendo que El es misericordioso, confieso el pecado que detesto y pido perdón humildemente. Esta es la única esperanza que tengo. Hago un voto de fe. Renuncio a todo lo que es malo. Dedico a Dios mi mente, mi corazón y mi cuerpo. Si llegara a caer en tentación y fallara en guardar esta sólida decisión, yo, con la ayuda del Espíritu Santo, pararé tan pronto como vea lo que está sucediendo, y volveré a Dios por misericordia sin tardanza. Este es mi deseo y resolución. Y lo firmo sin reservas ni excepciones.

Firma
_____

Querido Señor, ayúdame a cumplir este sacrificio en mi corazón. Así como tú me has inspirado a hacer esto, dame la fortaleza necesaria para cumplirlo. Amén.

Si usted ha puesto sinceramente sus sentimientos al hacer todo esto, le aseguro que ha transitado un largo camino. Pero aún no está libre del todo. Tiene algo más que hacer. Siendo un ser humano igual a todos, quizás tenga nuevos tropiezos. No hay pesimismo al decir esto. Es el reconocimiento de un hecho. Con aceptar el perdón de Dios, y perdonándose a usted mismo, todavía no ha llegado a la perfección. Tómese tiempo, algún día, para leer biografías de los llamados "santos". Quedará asombrado de las luchas, tropiezos, caídas y levantadas que han tenido. Usted no es diferente a ninguno de ellos. Usted necesita estar listo para la próxima vez.

Si Dios es por nosotros, ¿quién contra nosotros? El que no escatimó ni a su propio Hijo, sino que lo entregó por todos nosotros, ¿cómo no nos dará también con él todas las cosas? ¿Quién acusará a los escogidos de Dios? Dios es el que justifica. ¿Quién es el que condenará? Cristo es el que murió; más aun, el que también resucitó, el que además está a la diestra de Dios, el que también intercede por nosotros.
¿Quién nos separará del amor de Cristo?

Romanos 8:31b-35a

ALGO EN QUE PENSAR

☐ ¿Dónde está situado usted en este proceso de ocho pasos de recuperación?

☐ ¿Qué hará para dar el próximo paso?

QUINTA PARTE

Preparándose para el resto de su vida

9
Preparación espiritual para la próxima vez

Arrepentirse es cambiar totalmente nuestro concepto de la vida; es tomar el punto de vista de Dios en lugar del nuestro

Anónimo

Con la confesión de pecado comenzamos nuestro viaje. Cuando comprendemos que la actitud de nuestro Creador hacia nosotros es de bondad y misericordia, apresuramos nuestro paso. Cuando sinceramente procuramos reparar todo el mal que hemos hecho, tanto como nos sea posible, nos acercamos a la meta. Perfección es el final de nuestro viaje, de ahí en adelante, esperamos el cielo. Aunque tengamos una dramática experiencia de conversión como tienen algunos, con todo y eso; sufriremos probablemente una serie de tentaciones. Más ocasiones de desaliento y pena seguramente se presentarán. "El pecado está a la puerta; con todo esto, a ti será su deseo, y tú te enseñorearás de él" (Génesis 4:7b).

Cultive su vida espiritual

Nada lo ayudará mejor en la nueva vida que cultivar su vida espiritual. Dios le da la facilidad, pero es responsabilidad suya desarrollarla. Todos tenemos músculos, pero los atletas saben desarrollarlos al máximo. Por medio de ejercicios adecuados desarrollan distintos grupos de músculos que les sirven para practicar el deporte favorito. Un levantador de pesas no daría un buen boxeador. Un corredor no tiene el cuello de un operador de líneas férreas. Del mismo modo nosotros debemos refinar y entrenar nuestro espíritu para que triunfe en la vida. Es un error muy grave pensar que la vida espiritual más exquisita es la del monje en un monasterio. Esto puede ser lo mejor para *él*, pero no para *nosotros*. La vida devota puede ser vivida en cualquier parte. Usted no está obligado a privarse de la vida común. El alma humana es flexible. Se expande hasta llenar una variedad infinita de vidas.

Afortunadamente tenemos una guía excelente al alcance de la mano. En muchas iglesias hay buenas personas que pueden dar buena guía espiritual. Pero hay que tener en cuenta que no todos son del mismo calibre. Visite muchas iglesias hasta hallar una que le llene. Esta iglesia puede no ser el lugar más popular de la ciudad. Pero a Dios le place usar a gente sencilla y predicadores de tercera clase. La cosa importante es que el estilo y contenido de la predicación y enseñanza esté en armonía con su alma. Vea que las oraciones, los himnos, las lecturas bíblicas y la enseñanza estén en su propia "longitud de onda". Las personas son diferentes. Las iglesias son diferentes. Si todo lo que escucha del predicador son respuestas a preguntas que usted nunca se hace, entonces se metió en el lugar equivocado. Sálgase de allí, y ya encontrará una iglesia que esté en armonía con su alma. Allí es donde usted pertenece. Posiblemente la única guía espiritual que usted necesita la encontrará involucrándose de corazón en las actividades de tal iglesia. Si usted desea cavar mas hondo en la Escritura hallará al ministro ansioso de hablar con usted. No vacile en pedirle una conversación personal. Cualquier pastor que no sea de mente estrecha por su política denominacional, se sentirá gustoso de hablar con usted.

Cuando fui adulto me dio por estudiar piano. Compré un piano usado y lo instalé en mi apartamento. Noche tras noche practiqué diligentemente. Mi repertorio de piezas, por supuesto, estaba reducido a las más simples canciones infantiles, las que se usan para principiantes.

Después de un mes o dos, de estar en esto, descubrí que mi vecino de al lado era profesor de piano de las escuelas públicas. ¡Qué mortificación! Las paredes eran delgadas. El me había estado escuchando todo el tiempo. Mi deseo era tocar música de Bach, pero todo lo que tocaba eran cancioncitas infantiles elementales para niños de tres años. ¿Saben ustedes lo que hice? Dejé de practicar. Sentí vergüenza que siendo yo adulto, un profesor de música me escuchara practicando ejercicios para los cinco deditos, como decía el libro que estaba usando.

Ahora veo las cosas de un modo diferente. Mi vecino debió estar complacido con mis intentos. Toda su vida la había dedicado a llevar música a la vida de las gentes. Seguramente que se puso contento al ver a un adulto zambulléndose en el mar de los sonidos. ¡Ahora pienso cuánto pudo él haberme ayudado! ¡Cuántas veces habrá tenido el deseo cuando yo tocaba un bemol en vez de un sostenido, de venir a verme y enseñarme lo correcto! Estuve viviendo pared por medio con una mina de oro. Todo lo que yo necesitaba entonces era pedir ayuda. Pero en vez de pedirla, por corta edad, abandoné el estudio. Me retiré del intento embarazado, sin saber lo que me perdía.

No deje que esto le suceda a usted. Tan pronto como sienta la menor crispadura en su alma, busque hablar con alguien experimentado que pueda guiarlo en el problema. Si usted es sincero será bienvenido. No importa que usted sea un principiante. Jesús dice que hay gozo en los cielos cuando uno empieza su camino cristiano.

Lea, escuche, observe

Sin duda ninguna el tesoro espiritual más grande que tenemos es la Biblia. Busque una traducción clara y moderna y léala regularmente. También en sus lecturas bíblicas necesita alguna guía. La Biblia es un libro grande. Casi un millón de palabras. No digo nada irrespetuoso cuando digo que es un libro desigual. Hay páginas que elevarán su espíritu a la presencia de Dios. Hay otras páginas que lo dejarán perplejo, si no confuso. Dios habla a través de toda la Biblia, pero al principio de su lectura uno tiene que ser selectivo. Si usted empieza a leer por el Génesis, capítulo uno verso primero, es probable que abandone la lectura al llegar al libro de Levítico. A lo menos al principio. Pero cuando se haya familiarizado con la Biblia y su divino mensaje, la leerá de tapa a tapa, y en varias versiones, y disfrutará de cada palabra de ella.

¿Por dónde debería comenzar? Si tiene un minuto, o dos, lea los Salmos. ¡Los Salmos forman hábito! En los Salmos está el registro de todos los altibajos del alma humana. En sólo pocas líneas podrá hallar usted todos los sentimientos que pasan por su alma. Busque algunos de ellos al azar y léalos. Quedará asombrado de ver cómo una lectura lo lleva a otra. Yo los he encontrado tan buenos y ayudadores que lamento que sólo haya 150 de ellos. Una de las mejores maneras de aprender a orar es leyendo los Salmos.

Si quiere conocer la biografía de Jesús lea cualquiera de los cuatro primeros libros del Nuevo Testamento: Mateo, Marcos, Lucas o Juan. Esos cuatro Evangelios son la única fuente de información que tenemos acerca de la persona y el ministerio del Señor Jesús. Aun cuando los tres cuentan la misma historia, cada uno le agrega detalles diferentes y mira a Jesús desde un aspecto distinto. Para tener un cuadro completo de Jesús hay que leer los cuatro. El evangelio según Marcos es el más breve y el primero que fue escrito. Una vez lo escuché recitado por un actor y el asunto tomó dos horas, incluyendo los intermedios. Usted lo puede leer todo en menos tiempo que mirar una película.

Las cartas del apóstol Pablo, han sido muy bien tratadas en las nuevas versiones de la Biblia como son cartas escritas a distintas iglesias y personas, dentro de cierto contexto histórico y cultural, es necesario saber un poco de

Preparación espiritual para la próxima vez

historia. Algunas Biblias traen breves introducciones y comentarios impresos antes de cada libro. También hay docenas de buenos comentarios bíblicos en venta en las librerías. La Biblia es una de las maneras que Dios tiene de revelarse a nosotros. Nos habla por medio de una gama muy variada de personalidades diseminadas a lo largo de los años. Pero la Biblia tiene una asombrosa unidad de contenido y desarrollo. Léala toda. Si no tiene interés en saber que Buz fue hermano de Uz, salte la página y siga. Las bendiciones de la lectura de la Biblia fluyen a medida que uno se va familiarizando con ella.

Hay muchas otras buenas lecturas que usted puede hacer. Hemos heredado un tesoro de literatura cristiana clásica que se ha ido formando a lo largo de los siglos. Estos libros se están imprimiendo continuamente. Y continuarán inspirando e instruyendo a las almas de los cristianos hasta el fin del tiempo. He aquí unos pocos que tienen grande significado para mí.

Primero, *Las confesiones* de San Agustín. Los primeros nueve "libros" o capítulos de esta obra monumental relatan las tremendas luchas espirituales y crisis de este hombre de Dios. El cuenta todo lo que experimentó en su búsqueda de Dios. Sus grandes desventajas fueron una mente escéptica y las pasiones de la carne. La descripción de su conversión final es un pasaje biográfico excitante como pocos en la literatura del género. Agustín pierde el aliento en algunos pasajes, y a usted también le pasará igual. No puedo exagerar su valor. Pero trate de hallar una buena traducción moderna, porque traducciones viejas pueden ser algo pesadas.[18]

Otro libro es *La imitación de Cristo*. Está atribuido a Tomás de Kempis, aunque todavía se debate quién es el autor verdadero. En una serie de lecciones breves enseña lo básico acerca del cristianismo aplicado a la vida diaria. Los comentarios son honestos y en contra del punto de vista popular. Uno siente golpe tras golpe cuando lo lee. Los orgullosos y arrogantes son hechos tiras. Pero al igual que el gato, que primero muerde y después lame la carne herida, *La imitación* le brinda un bálsamo especial a su alma. Sus comentarios con respecto a la humildad no admiten paralelo. Puede que usted esté en desacuerdo con algunos de sus pasajes, pero hay que prepararse muy bien si uno quiere rebatirlos.

No lea este libro si usted es demasiado joven. Y si lo lee, vuelva a leerlo cuando sea maduro. La profundidad de sus ideas lo harán estremecerse. Lo mismo que las *confesiones* este gran clásico espiritual es mejor leerlo en reinterpretaciones modernas.[19]

Otro libro extraordinario es *La práctica de la presencia de Dios*, por el Hermano Lorenzo. Este libro breve, pero valioso, es colección de conversaciones y cartas escritas por un hombre muy humilde, llamado Nicolás Herman, que fue ayudante de cocina de un convento. El cuenta cómo uno puede sentir a Dios íntimamente, en cada momento de la vida y en cada lugar, y cómo debemos vivir constantemente concientes de El. Su perpetua disposición de adoración puede parecernos extraño al principio. Usted podrá ver el inmenso valor que tiene hacer todas las cosas, aun las más sencillas, por amor de Dios. Con este libro también se recomienda utilizar una interpretación más moderna.[20]

También tenemos *A Testament of Devotion*[21] (Un testamento de devoción) Thomas Kelly. Entre los libros escritos en este siglo éste brilla como supremo. Es un serio y creíble intento de presentar la verdadera espiritualidad en el centro del mundo moderno. Leer este cuáquero llamado a la obediencia es confrontarse con una verdad ineludible. Es una brillante joya desde la primera a la última página.

Recuerde que sus ojos están hechos tanto para mirar como para leer. Si el único arte cristiano que usted ha visto son las lecciones de la escuela dominical, trate de visitar un museo o examine un libro de pinturas de la biblioteca. La mayor parte de las grandes obras de arte tienen temas religiosos. Examine otra vez las pinturas de la Capilla Sixtina, no como un estudiante curioso, sino como una alma devota. Si tiene el privilegio de ir a Roma y visitar el Vaticano, quédese un tiempo contemplando *La Pietá*, ese maravilloso mármol de Miguel Angel.

Deje también que sus oídos le ayuden a cultivar su espíritu. El catálogo de música de inspiracional es vastísimo. Incluye composiciones de los grandes maestros del siglo 17 en adelante, como también música contemporánea. ¿Ha experimentado usted el perdón de Dios, y se ha perdonado efectivamente a usted mismo? Entonces escuche el célebre "Aleluya" del *Mesías* de Handel, y esa música expresará su gozo.

Una de mis obras clásicas favoritas es *La pasión según San Mateo* de Juan Sebastián Bach. Pocas composiciones musicales son tan evocativas para la imaginación. Los compases iniciales ya lo transportan a usted a las escenas bíblicas. De súbito usted se encuentra allí, parado en el polvo, contemplando cómo Jesús es llevado al Calvario. Cada paso que da está registrado en la música. Los cadenciosos movimientos de la orquesta reflejan nuestro propio desmayo al ver la terrible procesión. No se detiene esta sensación. Usted llorará con la negación de Pedro, se crispará con el sonido de cada latigazo en la espalda desnuda de Jesús, y esperará en silenciosa fe delante de una tumba recién sellada. Cada Semana Santa tengo que escuchar de nuevo esta asombrosa composición. No exagero nada cuando digo que Bach me transporta. Y puedo decir con propiedad: "Yo estaba allí cuando ellos crucificaron a mi Señor". Hay muchas otras composiciones clásicas y modernas que merecen ser escuchadas con devoción y reverencia. Si inicialmente ellas le parecen extrañas, créame, poco a poco irán creciendo dentro de usted. Déles una oportunidad, se sentirá contento de haberlo hecho.

Combine sus oídos y ojos para profundizar su vida espiritual a través de la poesía. Los poetas nos hablan de las cosas divinas con un alma que no puede ser expresada en prosa. Redescubra la poesía religiosa. Sí, es cierto mucha de ella es sensiblera y cursi, pero también hay poesía de primera clase. Quizás ha llegado el tiempo para usted de tomar contacto con la poesía de Milton, Wordsworth o Dante.

Si tales obras poéticas no van con su gusto, compre un libro actual de poesía o prosa. Libros de narrativa poética tales como la trilogía de Calvin Miller *The Singer, The Song, and The Finale* (El cantor, la canción y el final) dicen cosas que edificarán su corazón con unas pocas líneas.[22]

Otro libro inspiracional que lo conmoverá a usted es *Ragman and Other Cries of Faith* (Ragman y otros clamores de fe) por Walter Wangerin, Jr.[23]

Oración

El mejor modo de cultivar su vida espiritual, es la oración personal privada. La gente siempre está diciendo que no sabe cómo orar.

¿Qué quieren decir con esto? ¿Hay algún truco en esto, alguna técnica misteriosa que necesitan aprender antes de hacer el primer intento? ¡Nada de eso! Es algo tan natural como respirar. De hecho, una de las primeras oraciones populares de la iglesia cristiana es la oración de Jesús: "Señor Jesucristo, Hijo de Dios; ten misericordia de mí, un pecador". Esta oración puede decirse tan fácilmente como respirar. En la primera frase inhalamos; en la segunda exhalamos. Un pequeño libro de la antigua Rusia, *The Way of a Pilgrim*, (El camino de un peregrino) cuenta de los notables resultados de hacer esta breve oración continuamente.[24]

Pero para decir verdad, no toda oración es igual en profundidad. Lo más importante es hablar con Dios y contarle las cosas que nos preocupan. Pídale que lo guíe. Que le haga recordar a otros. Ser siempre honesto, si usted engaña no está orando. Dios conoce su corazón mejor que usted.

Inspírese en las oraciones de la Biblia. Job maldijo el día en que había nacido. El profeta Jeremías hizo lo mismo, y protestó por la tremenda carga del ministerio profético que el Señor había puesto sobre sus hombros. Algunos de los Salmos lo mismo que Dante, se deleitan en imaginar lo que Dios hará con sus enemigos. Quizá usted no encuentre esas oraciones inspiradoras, pero Dios les dio la bienvenida. ¿Por qué?

Porque eran sinceras. Ellas exponían claramente el alma. Solamente cuando somos abiertos y honestos es que Dios puede trabajar con nosotros. Si sus primeras oraciones están llenas de quejas y gemidos, las últimas serán mejores.

Al principio le sugerí que le escribiera a Dios una carta. Si usted está seguro que puede guardar esas cartas en privado, es una maravillosa manera de orar. Cuando ellas se acumulen a lo largo de los años usted será capaz de releerlas y hallar valores espirituales para su alma que de otro modo se hubieran perdido. El *A Diary of Private Prayer* (Diario de oración privada) de John Baillie, es una ayuda en este sentido y ha permanecido siempre reeditándose por más de treinta años.[25]

Además cada año se publican nuevas guías de oración para su ayuda.

Grupos

Usted puede encontrar un apoyo especial dentro de algún buen grupo. Ya le advertimos antes del peligro de relacionarse con algún grupo equivocado. Solamente usted puede decidir cuál es cuál, y usted puede hacerlo después de repetidas visitas. Es algo digno de esfuerzo hallar un buen grupo cristiano que estén estudiando la Biblia y orando juntos.

La culpa, la vergüenza y el dolor prosperan como hongos en lugares oscuros y húmedos. El aire fresco y la luz del sol son la manera de sanarnos y limpiarnos. Si usted se sienta solo a contemplar su dolor y pena, se pondrá peor. Cuando usted alterna con otros que tienen un sentido de la vida más positivo, tales sentimientos tienden a disolverse. Si usted experimenta el amor genuino y el cuidado fraternal y amistoso de un buen grupo cristiano de estudio bíblico, será grandemente bendecido.

Si usted se une a un buen grupo cristiano verá que ellos no lo rechazan por las cosas que lo atribulan. Ellos lo tratarán a usted de la misma manera que Cristo trató a la gente que venía a él con sus penas y dolores. Ellos comprenderán que el dedo acusador y la reprimenda verbal de nada sirven y no es eso lo que usted necesita. ¡Bastante se ha acusado y se ha reprendido usted a sí mismo! En vez de eso ellos desean compartir un viaje de fe con usted. Cada uno de ellos sabe lo que es aceptar el perdón del Señor. Y usted hallará a más de uno que podría contar una historia similar a la suya.

Hay algo en los grupos cristianos de oración y estudio bíblico que puede abrir nuevas ventanas para usted. Haga preguntas y consultas. Hallará que algunos se reúnen en iglesias, otros se reúnen en hogares, y otros se reúnen para un desayuno o almuerzo en algún restaurante. Usted será bienvenido en cualquiera de ellos. Todavía no he visto un grupo cristiano que no esté ansioso de recibir nuevas caras. Su ingreso a ellos dará autenticidad a lo que ellos están haciendo. No vacile en preguntar si usted puede ser parte de ellos.

Si usted desea estar listo para el próximo tiempo de tentación, cultive su vida espiritual desde ya. Es el mejor seguro para no tropezar otra vez con la misma piedra.

> *¿Con qué limpiará el joven su camino?*
> *Con guardar tu palabra. En mi corazón*
> *he guardado tus dichos, para no*
> *pecar contra ti.*
>
> Salmo 119:9, 11

ALGO EN QUE PENSAR

- [ ] ¿Qué cosas considera usted de mayor interés? ¿Poesía? ¿Música? ¿Libros? ¿Artes visuales?

- [ ] Anote por lo menos una disciplina espiritual a la cual usted se dedicará el próximo mes. Relaciónela con alguna de las respuestas dadas arriba.

10
Preparación emocional para la próxima vez

El arrepentimiento puede ocurrir instantáneamente, pero la trasformación requiere a menudo un número de años.

Henry Ward Beecher

Lágrimas y risas son parte importante de la vida. Son dones especiales de Dios. Según usted desahoga sus emociones hoy, así será la diferencia de cómo se sentirá el día de mañana.

Siempre se les dice a los muchachos: "Los hombres no lloran". Y con el movimiento acerca de la igualdad de sexos la idea se expande. Algún día alguien dirá que es inhumano llorar. La cara tensa que presentan los jóvenes de hoy día es el indicio de una generación que reprime sus emociones. El deseo de todos es aparentar que no son desgraciados ni felices. Es un mecanismo de defensa. ¿Eres tú un adolescente? Tú sufres, ¿verdad? ¿O es que deseas que nadie vea tu dolor? ¿Es por eso que andas con cara de enojado? He visto tu cara congelada en anuncios comerciales, en videos musicales y en cada escuela y colegio. ¿Qué es lo que estás diciendo? Creo que lo sé.

"Papá, mamá, los llamados amigos, toda la comunidad, ustedes no pueden decir que me han destrozado si no ven mis lágrimas".

Ponerle un freno a sus emociones es lo mismo que presionar la pausa en su videocinta. Podrá mirarlo por algunos momentos, pero pronto se dará cuenta de que algo anda mal. "Cuando embotellamos nuestros sentimientos es lo mismo que poner en marcha el reloj de una bomba de tiempo... Cuanto más tiempo el reloj está haciendo tic tac, más cerca está el momento de la explosión".[26]

Cultive sus emociones

En cualquier edad de la vida, rehusar verter lágrimas no es ser humanos. Aun los animales, que no tienen conductos lagrimales, expresan de alguna manera su dolor, su temor, su pena. Si usted desea aliviar su alma, llore abundantemente. Hágalo en privado, si quiere, pero hágalo. El llanto disolverá algunas de esas paredes que usted ha edificado alrededor de usted mismo.

Pero si su problema es llorar demasiado, entonces usted necesita otra clase de ayuda. Nada de lo dicho arriba se aplica a usted, pero siga leyendo.

La risa está estrechamente relacionada con las lágrimas e igualmente efectiva para aliviar las tensiones. La risa le hace bien a nuestra alma. A veces (casi siempre) nos tomamos a nosotros mismos demasiado en serio. Si usted cultiva su sentido del humor, al extremo de hacer algunos chistes con respecto a usted mismo, habrá crecido espiritualmente.

El humor del que estoy hablando es el resultado de una perspectiva filosófica sobre los altibajos de la vida diaria. La tragedia y la comedia están a menudo separadas sólo por la percepción de la situación. Le daré otro ejemplo de mi propia vida.

La ocasión fue durante una concentración de presbiterianos. Estaban presentes los más altos dignatarios de la conferencia de Virginia. Me habían pedido que mostrara algunas de mis películas hogareñas en la reunión de la noche. El film era nuevo, y todavía necesitaba un poco de narración para ser entendido, pero yo pensé: "No hay problema, puedo tomar el micrófono y grabar lo que falta antes de la cena".

El primer mal presagio me vino durante el viaje cuando me di cuenta de que había olvidado mi billetera en los pantalones que había dejado en casa. La cena estaba dentro de la reunión y no habría problemas de dinero pero pensamos que sería prudente que Ana, mi esposa, manejase.

Cuando llegamos al lugar de la reunión dije que necesitaba reposo por una hora o algo así y me dieron un cuarto en el segundo piso del hotel. Tomé todo mi equipo y lo llevé al cuarto y después conduje en auto a mi esposa, mis chicos y mi mamá que estaba de visita, al vecino lago de Shenandoah, así ellos podrían disfrutar del lago mientras yo trabajaba. Yo había puesto en el techo de mi auto un bote pequeño, de esos estilo *kayak*.

En pocos minutos había llevado el bote al agua, le había pedido a los chicos que fueran corteses con el único pescador del lago y volvía para al hotel para hacer mi trabajo. La distancia era corta, así que corrí el riesgo de manejar sin licencia.

A las cinco de la tarde, una hora antes de la cena había completado exitosamente la narración de la mitad del film. En eso se rompió la cinta. "No hay problema" —me dije. "Me iré hasta Harrisonburg y compraré otras". Sólo tenía en el bolsillo 70 centavos.

No era suficiente. El precio era 76 centavos, más el impuesto. La cena sería en 45 minutos, pero permanecí en calma confiando que terminaría el trabajo exactamente para las 7:30 p.m. Así que agarré el auto para ir a buscar a mi familia. Ellos tendrían algún dinero.

Los chicos habían atado el bote al final del muelle. Me pareció que sería más fácil sacarlo si lo acercaba un poco al lugar donde había estacionado el auto. Cuando puse mi pie en él, perdí el equilibrio y el bote comenzó a balancearse. Traté de usar el otro pie para mantenerme, pero lo puse en una de las costillas del *kayak*. Y de la manera más suave, más quieta, más pacifica, se viró. Y yo me vi de pronto metido hasta los hombros en el agua lodosa.

Con algún esfuerzo me enderecé con el agua al cuello y vi la quilla del bote cerca de mí. Dos miembros de mi familia miraban azorados dos estaban riéndose y no estaba llorando. Y yo pensaba en cómo remediar en algo la situación. Podía sentir el lodo penetrando en mis zapatos. Ana insiste en decir que mis primeras palabras fueron: "Y este no es el mayor de mis problemas".

Habiendo probado el bote y visto que podía navegar aun cargado de agua, tenía que hacer frente al hecho de que en 25 minutos yo era el conferencista de honor en una cena. Pronto sería el centro de atención para una multitud de colegas y amigos que incluían directivos del alto rango. Hicimos un recuento de todo el capital que teníamos. Veintidós dólares y algunas monedas.

Decidí entonces comprar algunas ropas. Dejé que Ana manejara el coche, llevamos a mamá y a los chicos al hotel, y nosotros nos fuimos a la tienda *K-Mart*, a comprar algo. Mis zapatos empezaban a oler como el fondo de un acuario que hace dos años no lo limpian. No había manera de hacer nada. Estaba goteando agua pestilente por todo el piso. Todo lo que tocaba quedaba arruinado. Compré ropa más grande que mi talla. Encontré pantalones, ropa interior, un pulóver, medias y un par de zapatos hechos en México por $4.95. Agregué el casete de 76 centavos que necesitaba, y me marché para la caja, y le dije a Ana que trajera el auto hasta la puerta. Nos quedaban todavía cinco minutos. La chica contó toda la compra, agregó el impuesto correspondiente y me dijo la cifra. ¡Asombrese! Eran exactamente $24.38.

"Lo siento" —le dije—. "No tengo suficiente dinero. Tendremos que quitar algo". Se me ocurrió que de todas las cosas de la compra había una que podía ser sacrificada para hacer bajar el total a 22 dólares, sin que se notara la diferencia.

Corrí de vuelta al hotel, me quité todo el lodo que me fue posible, me puse mi nueva ropa y me dirigí hacia el comedor como si nada estuviera pasando. Luego de exhibir el film y recibir amistosos cumplidos, le dije al gerente que había sufrido un pequeño accidente y había tenido que usar algunas de sus toallas.

"¿Nada serio?" —me preguntó.

"No" —repliqué—. "Nada serio".

Hay abundancia de otros ejemplos. La *Associated Press* menciona la historia de un hombre que estando en un bar recibió una "bella sonrisa" de una dama. El la llevó a su apartamento. Allí mezclaron bebidas y ella le agregó una dosis de droga. Cuando despertó habían saqueado su apartamento y le habían robado todas las cosas. ¿Qué tenemos que decir de este episodio? "Los hombres somos tontos, necios, estúpidos".[27] Somos una mezcla de lágrimas y risas.

Mientras nos separamos

¿Ha hablado usted con Dios acerca de su vida? ¿Ha tratado de poner derecho lo que usted mismo dejó torcido? ¿Ha renunciado usted? Entonces olvídelo. Ponga todo en manos de Dios. Acepte la seguridad de su perdón. Diga como José: "Dios me hizo olvidar todo"... (Génesis 41:51b). Cualquier cosa más que esto es un completo malgasto de tiempo y energía. Continuar preguntándose si cometió o no un pecado imperdonable es una indicación de malestar espiritual.

Con el amoroso brazo de Dios sobre sus hombros, siga adelante con su vida y su trabajo.

Usted puede tropezar otra vez tan pronto como cierre este libro. No permita que ello altere su confianza en Dios. Vuelva a El vez tras vez, después de cada derrota. No permita que nada lo separe de su amor. De algún modo las cosas empezarán a mejorar. Usted empezará a confiar menos en su fuerza de voluntad y más y más en Dios. Y empezará a rechazar, cada vez con más fuerza, todo aquello que es una tentación para usted. Ore pequeñas oraciones a lo largo del camino.

"Señor, cuando trato de hacer algo por mí mismo, echo a perder todo."

"Oh, Dios, pero hubiera sido mucho peor si Tú no me hubieras prevenido."

"Ayúdame, Señor, a ofenderte menos mañana."

Piense más en el Señor y menos en sus flaquezas.

De aquí en adelante escoja cuidadosamente lo que va a quedar en su memoria. Usted tiene ahora un diario limpio, un nuevo principio. Algunos sucesos de su vida vendrán sin que usted los pida o los desee y estarán mayormente fuera de su control, pero su respuesta a ellos será de su propia factura.

Considere lo que tantos han dicho ya, cuando se vieron a las puertas de la muerte, que en esos momentos muchas cosas olvidadas de la vida regresan a la memoria como si estuvieran grabadas en cinta. Una de las más importantes decisiones de su vida será elegir qué clase de figuras colgará en las paredes de su mente.

Vivir una vida perdonada es una experiencia de libertad y alegría que está más allá de toda comparación. Ella mejora su relación con otros, realza su comunión con Dios, y fortalece su confianza en usted mismo. Pero si usted rehúsa perdonarse a sí mismo no gana nada, más bien pierde todo.

Trate de ponerse en marcha, un pequeño paso es bueno si se da en la correcta dirección. La cosa más significativa no es tanto cuánto se ha alejado usted de su complejo de culpa sino cuál es la dirección que está tomando ahora. Si continúa dando vueltas y acusándose a sí mismo, va para abajo. Este no es un movimiento de rueda libre . No se trata de dejar que el auto ruede libre a donde quiera. Antes que termine la última página de este libro, hágase la promesa de dar vuelta a la esquina. No espere que haya una bocanada de humo y un relámpago de luz, como en las películas de magia, que haga todo nuevo y bueno de una sola vez. Pero si decide andar en la correcta dirección, está en camino de la recuperación completa. Dígase a usted mismo: "¡Suficiente con esto! Seguro, soy una persona compleja. Sólo Dios me comprende bien. Pero con la ayuda de Dios puedo poner toda mi vida en un nuevo camino. Por lo menos voy a poner mi vida en dirección a una mejor y más feliz aceptación de mí mismo".

Al hacer esta clase de resolución usted está aceptando sus hechos del pasado. Las cosas son como salieron. No hay manera de borrarlas. Las cosas que usted hizo, lo mismo que las que no hizo, existen como un récord que no puede ser eliminado. Usted no puede cambiar nada de eso. Se hizo o no se hizo. La única cosa que hay que hacer es aceptarlo como un hecho.

Mientras usted esté en ella, acepte su humanidad como un hecho. Ser humano es estar lleno de un tremendo potencial. También es ser menos que perfecto. Este es el tiempo de desechar pensamientos como: "Yo debería", "yo tendría que", "yo podría hacer". Estas pueden ser nociones dañinas. Recuerde a San Pablo tratando de ser un santo. No podía lograrlo de ninguna manera. Trataba de hacer lo mejor, pero lo mejor de él era insuficiente. Por fin aceptó su naturaleza humana tal como es. "Y yo sé que en mí, esto es, en mi carne, no mora el bien; porque el querer el bien está en mí, pero no el hacerlo. Porque no hago el bien que quiero, sino el mal que no quiero, eso hago. (Romanos 7:18-19). No se obligue usted mismo a su muerte. Hay momentos en la vida cuando cada uno decide hacer lo que desea, y no lo que debería hacer. Aun los mejores santos conocen esto abiertamente.

Concédase un descanso. Póngase bajo fianza. Hasta ahora usted se ha castigado (y castigado a otros) demasiado y sin necesidad. ¿Qué bien saca para su alma mantener toda esta basura a la vista sin tirarla? ¿Vale la pena estar un mes o un año más, mortificándose sin razón ninguna? Usted puede despojarse de eso ahora mismo.

Por lo menos haga esto por usted mismo. Crezca. No tiene sentido "aplicar la moralidad de un niño de cinco años a la conducta de un hombre de 35 años".[28]

Continuar castigándose a sí mismo es una conducta infantil. Un juicio más maduro le ayudará a usted a evaluarse con más justicia y a comprender mejor su comportamiento.

Esos angustiosos días y noches de su pasado están muertos y se han ido.

Es tiempo de darles piadosa sepultura. La culpa mira hacia atrás. No importa cuán culpable o avergonzado usted se sienta por los hechos pasados, nadie puede cambiar la historia. Usted puede hacer las cosas mucho mejor y vivir mucho más libremente si elimina ese lastre pesado de los tiempos pasados. Ellos no tienen que amarrarlo a usted. Usted debe amarrarlos a ellos, hacer un buen paquete y dejar que el río del tiempo se los lleve lejos, a la tierra del olvido. Ya hemos completado el circulo. Estamos donde empezamos. *Si estoy perdonado, ¿por qué todavía me siento culpable?* Ya hemos dicho al principio que el tiempo, por sí mismo, nada cura. En las páginas que siguieron hicimos ver que el tiempo puede ser usado para dar algunos pasos en buena dirección. Ya le hemos asegurado que Dios lo ama y lo perdona. Y estas son verdades absolutas. Si usted todavía se siente culpable, debe ser porque se necesita tiempo para que nuestros sentimientos capten lo que nuestro entendimiento ya ha captado.

Bienaventurado aquel cuya transgresión ha sido perdonada, y cubierto su pecado.

Salmo 32:1

Amo al Señor, pues ha oído mi voz y mis súplicas.

Salmo 116:1

ALGO EN QUE PENSAR

☐ ¿Se siente usted incómodo riendo con los que ríen y llorando con los que lloran? Si es así, ¿por qué?

☐ ¿Desea usted ir adelante en su vida? Si es así, ¿qué lo detiene?

☐ Sea cual fuere su situación presente, ¿hay algo que lo detiene para aceptar el perdón de Dios?

Notas

1. Bruce D. Hutchison, Psycho-Logic (Englewood Cliffs, N.J.: Prentice-Hall, 1983), p.17f.
2. Judi Culbertson & Patti Bard, *Games Christians Play* (New York: Harper & Row, 1967), p.78f.
3. Boston Globe, julio 21 1983.
4. Boston Globe, julio 21 1983.
5. Ibid.
6. Paul Tournier, *Guilt and Grace* (San Francisco: Harper & Row Publishers, 1962), p. 194.
7. John Calvin, *Institute of Christian Religion,* vol.1 (Grand Rapids: William B. Eerdmans Publishing Company, 1957), p.543.
8. The Book of Common Prayer of the Episcopal Church. pp. 62-63.
9. Thomas Alvarez, *The Prayer of St. Teresa of Avila (New York: New City Press, 1990), p.8.*
10. Murphy's Law Calendar (Prince/Stern/Sloan Publishers, Inc. 1983).
11. John-Roger & Peter McWilliams, *Life 101* (Los Angeles Prelude Press, 1991).
12. Bernard Bangley, translation of *Introduction to the Devoult Life in Spiritual Treasure* (Ramsey, N.J.: Paulist Press, 1984).
13. Augustus M. Toplady, "Rock of Ages" in Hymnbook (Richmond, Philadelphia, New York: Presbyterian Church in the United States, The United Presbyterian Church in the U.S.A., Reformed Church in America, 1955).
14. Christine Herbruck, *Breaking the Cycle of Child Abuse* (Minneapolis: Winston Press, 1979), p.42.
15. *The Twelve Steps for Adult Children* (San Diego: Recovery Publications, 1987), p.51.

16. Sister Lelia Makra, translation of *The Hsiao Ching* (New York: St. John's University Press, 1961) chapter XVIII.
17. Melvin Konner, *The Tangled Wing* (New York: Holt, Rinehart, and Winston, 1982).
18. David Winter, *Walking into Light: a reinterpretation of* The Confessions of Saint Augustine, *in Christian Clasics in Modern English* (Wheaton, Ill.: Harold Shaw Publishers, 1991).
19. Bernard Bangley, *Growing in His Image: a reinterpretation of Thomas a Kempis'* The Imitation of Christ, in *Christian Classic in Modern English* (Wheaton, Ill.: Harold Shaw Publishers, 1991).
20. David Winter, *Closer Than a Brother: a reinterpretation of Brother Lawrence's*, The Practice of the Presence of God, in *Christian Classics in Modern English* (Wheaton, Ill.: Harold Shaw Publishers, 1991).
21. Thomas Kelly, *A Testament of Devotion* (Nashville: The Upper Room, 1955).
22. Calvin Miller, *The Singer; The Song; and The Finale* (Downers Grove, Ill.: InterVasity Press, 1975, 1977, 1979).
23. Walter Wangerin, Jr., *Ragman and Other Cries of Faith* (San Francisco: Harper & Row Publisher, 1984).
24. Helen Bacovcin, *The Way of a Pilgrim* (Garden City, N.Y.: Doubleday Company, 1979).
25. John Baillie, *A Diary of Private Prayer (New York: Charles Scribner's Sons, 1949).*
26. John James & Frank Cherry, *The Grief Recovery Handbook* (New York: Harper & Row, 1988), p. 47f.
27. *Sarasota Herald-Tribune,* octubre 8 1983, p. 1-D.
28. Bruce Hutchison, *Psycho-Logic* (Englewood Cliffs, N.J.: Prentice-Hall, 1983), p.183.